Das Buch

Was einst mit einem Satire-Projekt auf Social Media begonnen hat, ist mit über 45.000 Followern und tausenden von verkauften Büchern längst zum Kultphänomen in der Reiterwelt geworden. Immer noch nimmt der Blog *Arschlochpferd* täglich die Online- und Offline-Gemeinschaft der Reiterinnen und Reiter aufs Korn – und auch diese Fortsetzung vom Buch zur Seite präsentiert wieder brandneue, urkomisch-bissige Geschichten über die Kuriositäten des Reiterlebens. Denn ein Pferd zu haben oder zu betreuen reicht in Zeiten der sozialen Netzwerke bekanntlich noch lange nicht. Man muss sein Tier, vor allem aber sich selbst im besten Licht präsentieren, mit Abstammung, Erfolgen und Auszeichnungen prahlen … oder zumindest so tun, als gäbe es diese.

Dieses Buch entführt Sie einmal mehr in die Abgründe des Reiter-Netzwerks. Begleiten Sie Dressursusi auf ihrer vermeintlichen Erfolgsgeschichte als Turniercrack, *Instagram*-Model, Möchtegern-Influencer und bei ihren ehrgeizigen Versuchen, sich den schönen Hendrik zu angeln. Der steht dummerweise auf Westernreiter und korrekte Pferdehaltung. Und was ihr Pferd so kann und will, das interessiert Dressursusi wenig. Immerhin sieht sie auf ihm blendend aus. Immer und in jeder Lebenslage. Und der Rest der Welt muss zusehen ...

Die Autorin

Nika S. Daveron kann – anders als auf den in diesem Buch gezeigten Bildern – auch anständig reiten. Trotz Reitabzeichen versaute ihr ihre ausgeprägte Wespenphobie leider die Karriere als Springreiterin. So stieg sie beruflich auf Rennpferde um – haben diese doch den Vorteil, einfach schneller als Wespen zu sein. Die Arbeit gefiel ihr letztendlich so gut, dass sie sich einen Galopper mit nach Hause genommen hat. Ihre ganz eigenen Erfahrungen mit der Reiterwelt teilt sie täglich auf ihrem erfolgreichen *Arschlochpferd*-Blog und kann als Autorin trotz ihres jungen Alters nicht nur dank des gleichnamigen Buchs auf eine erfolgreiche schriftstellerische Karriere blicken.

Nika S. Daveron

ARSCHLOCHPFERD 2 –
SCHEIß AUF DEN HALSRING

Sachbuch

Originalausgabe

© 2017 in Farbe und Bunt

in Farbe und Bunt Verlags-UG (haftungsbeschränkt)
Kruppstraße 82 - 100
45145 Essen

www.ifub-verlag.de

Cover-Gestaltung: Stefanie Kurt
Logo-Illustration Arschlochpferd: Lena, Anne und Bernhard Lindermayr
Cover-Bild und Fototeil: Morwen Fotografie
Satz: Grit Richter – Art Skript Phantastik Design
verantwortlicher Redakteur und Lektorat: Bettina Petrik
Korrektorat: Telma Vahey

Print-Ausgabe gedruckt von:
Printing House Multiprint ltd., 10A Slavyanska Str., BG-2230 Kostinbrod

ISBN Taschenbuch: 978-3-95936-070-8
ISBN E-Book: 978-3-95936-069-2
ISBN Audiobuch: 978-3-95936-071-5

ARSCHLOCHPFERD 2 –
SCHEIß AUF DEN HALSRING

INHALTSVERZEICHNIS

Haben wir eigentlich irgendetwas aus dem letzten Arschloch-pferd-Buch gelernt? Na, vielleicht, dass man nicht unbedingt auf das hören sollte, was im Internet so steht, sondern mehr auf Pferdeverstand und Leute, die professionelle Arbeit leisten. Zudem haben wir gelernt, wie wir richtig beliebt in den sozialen Netzwerken werden.

Außerdem ist uns nun bekannt, dass wir nicht mehr sinnlos bei reinen Vermehrern kaufen sollen, manche Kurse einfach nicht besuchen müssen – und wir wissen auch, wie man trotz beschissenem Reitstil wenigstens die schönste Nobel-Kolli trägt und wie man diese auf sich selbst und das Pferd abstimmt.

Wenn wir das alles kombinieren, ist dann nicht uns und unseren Pferden ausreichend geholfen?

Könnte man meinen, aber so ist es nicht.

Dieses Mal entfernen wir uns von der Einhornreiterin, die uns viel Freude bereitet hat, allerdings nicht mehr als Anschau-ungsobjekt taugt, denn sie ist immer noch in Buch Eins gefangen und wird ihre Denkweise in diesem Leben nicht mehr ändern. Aber die Reiterwelt bietet uns zum Glück viele unterschiedliche Persönchen, um uns zu amüsieren – und wer wäre da naheliegender als die sogenannte Dressursusi?

Es rät sich auch dieses Mal wieder, die Oberfläche, auf der Ihr Buch oder E-Book-Reader liegt, gut zu polstern. Die Wahrscheinlichkeit, dass Ihr Kopf während dieser Lektüre das eine oder andere Mal intimen Kontakt damit eingeht, ist gleichbleibend hoch.

Hals und Bein – Sie werden es brauchen.

KAPITEL 1: KAUF BEIM PROFI!

Wer auf Turniere gehen möchte – und zwar erfolgreich – kommt um einen Besuch beim Züchter oder beim Händler nicht herum, denn nur die Pferde dort haben die begehrte Abstammung, die man benötigt. Na klar, es gibt auch Glücksgriffe bei Privatpersonen, aber generell ist man in der professionellen Zucht einfach besser bedient, denn das schicke Allround-Pferd ist dort liebevoll aufgezogen und genau auf seine Aufgabe vorbereitet worden. So machen das die Profis.

Unsere Dressursusi hat ein ansprechendes Startkapital und möchte jetzt eines dieser Allroundtalente erwerben, denn es wird langsam Zeit. Jünger wird sie nämlich nicht, und ihre Eltern haben endlich nachgegeben. Denn Dressursusi ist inzwischen zarte achtzehn und damit volljährig. Außerdem hat sie ein super Abitur hingelegt. Da können einem die Eltern ruhig mal ein Pferd für 10.000,00 Euro aufwärts kaufen und eine Schibbi-Schabbi-Kolli für mindestens einen Tausender. Das ist Dressursusis gutes Recht, ja quasi schon die elterliche Pflicht, dem Kind endlich den weiten Weg in die Turnierreiterei zu ermöglichen. Susis Reitbeteiligung geht schließlich gerade in Rente. Und die hat ihr doch schon ein paar Schleifen eingebracht sowie das Wissen für den Basispass beschert. Da ist dieser Schritt doch die absolut logischste Konsequenz.

Die gequälten Eltern haben also nachgegeben und lassen die Tochter machen. Etwas anderes bleibt ihnen sowieso nicht übrig, und Ahnung von Pferden haben sie leider auch nicht; da soll das Kind eben selbst entscheiden, welchen Dressurkracher es kauft.

Zum Glück hat Dressursusi ein paar Freundinnen aus dem heimischen Nobelstall, und die helfen fleißig mit. Eine von denen kauft auch bald ihr erstes eigenes Pferd, die Chayenne. Also das Mädel heißt Chayenne, nicht das ins Auge gefasste Pferd. Heutzutage haben die ja alle so komische Namen, da ist Dressursusi mit Susanne echt noch harmlos. Chayenne Catherine Noire Waldmann jedenfalls, so der volle Name, hilft Dressursusi nun dabei, ein Pferd zu finden. Im Internet natürlich, da kann man sich die Züchter genau ansehen und auch mal googeln, ob die denn auch wirklich seriös sind und wie viele Schlöppen die Nachwuchspferde schon ergattert haben.

Aber was soll es werden? Die Abstammung ist schon extrem wichtig, mal völlig davon abgesehen, was das künftige Pferd so können soll.

Chayenne weiß nämlich als bestens informierte Helferin, dass manche Vererber gewisse Klischees bedienen. Daher muss sie definitiv davon abraten, manche Pferde auch nur anzugucken. Bekanntlich wird man davon ja mindestens schwarz; schlimmstenfalls trägt man einen bleibenden Schaden davon.

Denn: Wenn die Abstammung stimmt ... spinnt das Pferd.

Pilot

Achtung! Bei diesem Vererber ist Panik angesagt. Was Pilot-Nachkommen alles anstellen und welchen Hau sie weghaben, darüber könnte man Bücher schreiben. Irrsinn mit Unsinn, etwas in dieser Art scheint das Haus Pilot sich gedacht zu haben; und wäre es ein Haus in *Game of Thrones*, das wäre sein Wahlspruch.

Platini

Die schönsten Köpfe für die stursten Köpfe. Was ein Platini nicht will, das macht er nicht, und er setzt das auch mit absoluter Konsequenz durch, selbst wenn er dafür richtig schmuddelig werden muss. Sieht dabei aber immer super aus!

Florestan

Mit dem Kopf durch die Wand, selbst wenn sie aus Beton ist. Dabei ist völlig irrelevant, was der Reiter will. Sollte es je eine Kreuzung aus Platini und Florestan geben, müsste Frau

12

Merkel einpacken. Das Pferd hätte nach mindestens drei Monaten die Weltherrschaft an sich gerissen. Heu für alle!

Landadel
Wenn sie denn mal laufen, laufen sie schön. Aber nur wenn. Landadel-Nachkommen haben das Montagspferd gepachtet. Weil sie aber so schön laufen, verzeiht man ihnen, dass sie meist gar nicht laufen.

Sandro Hit
Die Nervensägen unter den Pferden. Sandro Hits gehen sogar den Artgenossen auf den Keks, was zur leichten Montagspferdigkeit führt, denn wenn die Weidegenossen genervt sind, gibt es Kloppe.

Gotthard
Wo Gotthard drin ist, da ist auch Blödsinn drin. Gotthards haben ihre berühmten fünf Minuten, und die sollte man besser aussitzen, sonst sitzt man nämlich unten.

Ladykiller
Wenn das Pferd schon »Killer« im Namen hat, muss das seinen Grund haben. Manche nennen Ladykiller-Sprösslinge charakterstark. Andere nennen sie bescheuert.

Weltmeyer
Hier gibt's alle Vorurteile auf einmal! Schlechter Rücken, sie können nicht springen, und blöd sind sie noch obendrein. Gezüchteter Wahnsinn scheint bei Weltmeyer bei der Abstammung auf jeden Fall ein Ziel gewesen zu sein.

Lauries Crusador
It's Showtime! Lauries Crusador, die große Gaga-Show! Nur jetzt in Ihrer Reithalle. Kommen Sie und überzeugen Sie sich selbst von einer Menge Blödsinn auf vier Beinen.

Colonels Smoking Gun

Wenn es nicht bunt ist, ist es vom Milchmann. Ein Gunner ist bunt und … bunt! Das muss doch reichen. Aber ein absoluter Hit bei den Westernreitern. Und alle, die etwas auf sich halten, benennen ihr Pferd auch nach Papi Colonels Smoking Gun. Wenn kein Gun drin ist, dann ist es auch keiner. Oder eben vom Milchmann.

Donnerhall

Donnerhalls strampeln toll und verlieren dabei öfter mal ihre Reiter. Sie sehen auch nicht so hübsch aus. Aber sie strampeln. Wer stellt da noch Fragen?

Rubinstein

Rubinsteins strampeln genauso schön wie Donnerhalls, sind aber eher Montagspferde. Man kann sich also aussuchen, ob man lieber strampeln und runterfallen oder strampeln und ständig von der Hallenbande den anderen Strampel-pferd-Reitern beim Fallen zusehen möchte.

Furioso

Hier ahnte man wohl schon, dass irgendwann in *Mad Max: Fury Road* ein fast gleichnamiger Charakter vorkommen würde und hat sich dementsprechend angepasst. 3 Stunden Action sind bei diesen Pferden sehr willkommen, und wenn sonst nichts explodiert, tut es auf jeden Fall der Furio-so-Nachkomme.

Der Clou

War was? Leider eingeschlafen. Für Der Clous sind Ponyka-russells erfunden worden. Und die wären noch glücklich damit.

Cor De La Bryere

Das sind die Irren! Nie mit der G-Linie kombinieren. Dann geht es erst richtig los! Und auf der Weide bleiben die Biester auch nicht stehen, die springen ja über alles drüber. Allerdings kommt Cor De La Bryere-Irrsinn gar nicht mehr so oft vor – ist zu weit hinten.

Pik As
Pik As – manche nennen es selbstbewusst. Andere nennen es unverschämt.

Der Löwe
Der Löwe vererbte vor allem eins nicht: seine Größe. Was prinzipiell nicht schlecht ist.

Nach diesen vielen Erklärungen brummt Dressursusi der Kopf. Das ist ja blöd. Was nimmt man denn da?

»Auf keinen Fall was mit zu viel Blut«, sagt weise die Chayenne. »Die sind ja alle bescheuert.«

Na schön, das leuchtet Dressursusi noch ein. Aber diese negativen Erfahrungswerte, die viele Reiter im Netz gepostet haben, lassen sie doch ein wenig unsicher werden.

»Kann man nicht einfach ein Pferd mit unbekannter Abstammung nehmen? Da gibt es ja sicher auch nette …«

Chayenne ist empört. »Das geht ja gar nicht! Da wirst du direkt schlechter beurteilt. Da kannst du gleich mit einem Pony ins Viereck. Oder«, sie schüttelt sich, »mit einem Tinker!«

Nee, also das will Dressursusi definitiv nicht. Also? Ein Telefonat mit ihrer Reitlehrerin muss her, die weiß doch immer alles, solange man es mit einer Gerte und einem Paar Sporen kurieren kann.

»Und es sollte schon lackschwarz sein«, meint Chayenne. »Bloß kein Fuchs. Den sehen die Richter nicht gern.«

Gott sei Dank, Dressursusi mag sowieso Füchse nicht so gern. Ob man ihr mal das Sprichwort »Ein gutes Pferd hat keine Farbe« näherbringen sollte? Nein. Verwirren wir sie nicht mit Tatsachen.

Seufzend wählt Dressursusi die Nummer ihrer Reitlehrerin Denise, die wie immer total busy ist und erst beim zweihundertsten Klingeln abnimmt. Mit einem unglaublich freundlichen: »*Was*?« geht sie ans Telefon. Die Frau weiß, wie man mit Kunden umgeht.

»Hallo, hier ist die Dressursusi, ich suche ein schönes Allroundpferd für mich.«

»Und was hab ich damit zu tun?«

»Ich dachte, du wüsstest eins. Habt ihr nicht gerade was Schönes zu verkaufen?«

»Bleib mal dran.« Obwohl es ein bisschen entfernt vom Mikrofon geschieht, hört Dressursusi immer noch, wie Denise eine Reitschülerin zusammenfaltet: »Wenn du nicht endlich die Fersen runtermachst, dann hack ich sie dir ab.«

Stimmt, Reitstunden bei Denise sind ja immer ein bisschen wie aus dem Film *Full Metal Jacket*.

»Ich kann mal gucken. Meine Bekannte ist Züchterin, die hat bestimmt was für dich. Was soll's denn kosten?«

»Sag, dass Geld keine Rolle spielt«, raunt schnell die Chayenne. »Sonst sucht die dir nur Schrott raus.«

Als Denise das Zauberwort hört, ist sie plötzlich pissfreundlich. »Dann rufe ich dich nachher zurück. Moment … *Kevin*! Wenn du nicht selbstständig auf diesen 1,80-m-Gaul hochkommst, dann bist du bei mir falsch!«

Ach, die Denise. Die muss man einfach lieben. Auch wenn man knapp einen Meter groß ist und Kevin heißt.

»Wow, super«, sagt träumerisch unsere Dressursusi. Die Denise wird ihr sicher ein ganz tolles Pferdchen raussuchen. Hat sie ihr schon ihre Wünsche mitgeteilt? Nein? Ach, die Denise weiß doch, was sich jedes Pferdemädchen tief in seinem Herzen wünscht. Angebrüllt werden und teure Pferde kaufen. So war das doch, oder?

»Meinst du, die ruft gleich zurück?«, fragt sie hibbelig ihre Freundin.

»Klar«, behauptet Chayenne. »Die verdient doch auch Geld damit.«

Und richtig, es dauert kaum lange, da meldet sich Denise wieder: »Ich hab da was für dich. Kannst ja gleich mal vorbeikommen.« Stille. Dann: »*Kevin*! Wenn du noch einmal die Ecke schlabberst, dann nehm ich dir das Pferd weg!«

»Aber das ist mein Pferd!«, hört Dressursusi den Kevin sagen, bevor sich Denise wieder ihr zuwendet.

»Schönes Pferd, super Abstammung. Musstu dir mal ansehen.«

Glückselig legt Dressursusi auf, nachdem sie noch rasch einen Termin vereinbart hat. Mutti muss ja noch informiert werden. Und die Chayenne wird auch mit eingeplant. Hurra! Scheißegal, wie das Pferd aussieht (kann ja nur super aussehen, wenn es teuer war) oder was es kann: Es wird ihr künftiges Dressurpferd, das kann sie spüren.

Ganz aufgeregt füttert sie ihren *Instagram*-Account mit einem Bild von sich und der Chayenne: »Gleich Pferdi angucken! Yeah!« Ein paar Herzchen noch dazu. Gibt gleich fünf Likes. Alle von der Chayenne, die hat nämlich gefühlt 200 *Instagram*- und *Facebook*-Accounts, damit sie sich selber liken kann. Die Chayenne ist nämlich schon Profi.

KAPITEL 2: WAS MUSS MAN EIGENTLICH MACHEN, BEVOR MAN EIN PFERD KAUFT?

Prompt sind Vorkehrungen zu treffen, denn Dressursusi will ja nicht, dass sie völlig unvorbereitet ihr künftiges Pferd bekommt und dann total abstinkt. Da muss das Umfeld drauf vorbereitet werden. Und zwar ein paar mehr Leute als die Chayenne und ihre Eltern. Mindestens der Milchmann, besser aber auch Tante Trude aus Buxtehude.

Daher führt kein Weg an einer *Facebook*-Seite für ihr Pferd, inklusive eines eigenen dazugehörigen *Instagram*-Accounts, vorbei.

Ja ja, das Internet. Hier kann jeder zum Star werden. Auch Kinder, die nur eine Pflegebeteiligung haben, die sie gar nicht reiten dürfen – und manchmal nicht mal mehr sehen dürfen. Aber egal. Hauptsache, man hat seine drölfzigtausend Follower, die immer klatschen.

Und dann diese Dramen – jede Woche in einer neuen Pferdegruppe:

»Ich hab gehört, die Seite ›Lutzi der lutztige Lutzitano‹ ist abgeschaltet, das Pferd ist tot!«

Uhh, da kommen sie alle aus den Löchern gekrochen. Jeder hat was anderes gehört, und am Ende war Lutzi gar kein Lutzitano! Skandal! Skandale gibt es nämlich auch auf jeder zweiten Seite.

»Das ist gar nicht ihr Pferd!«

Uiuiuiuiui … Shitstorm vorprogrammiert. Selbst schuld. Es ist mittlerweile nämlich scheißegal, ob es das eigene Pferd ist. Die Likes purzeln doch trotzdem. Dank WggW. Keiner weiß, wofür das zweite G steht. Vielleicht für Gurke.

Sagt man was gegen das tolle Bild auf einer Seite, wird man gelöscht. Sagt man woanders was, wird man gehatet.

Aber wie bekommt man ihn denn jetzt genau, diesen Internet-Fame? Hier sind 10 Tipps für angehende Fame-Jäger, die ihr in jedem Fall beherzigen solltet.

1. Ihr braucht ein Pferd. Reitbeteiligung, Pflegepferd, ein Schulpferd, das ihr regelmäßig reitet, irgendetwas eben, das ihr thematisieren könnt. Muss aber schon ein und dasselbe sein. Wenn ihr mehrere Pferde habt, geht das zwar auch, aber das ist kein Like-Garant.

2. Ihr braucht eine Seite. Die darf keinen lustigen Titel haben, sondern muss auf jeden Fall eines der folgenden Worte beinhalten: »Seele«, »Herz« oder »Traum«. Oder dasselbe auf Englisch. Ist egal.

3. Humor abschaffen.

4. Können abschaffen. Ihr solltet nicht von einem Sieg zum anderen hecheln. Das will ja keiner sehen, denn dann hätte eure Seite einen Mehrwert. Besser, ihr postet Bilder wie: Pferd auf Weide, ihr auf dem Pferd ohne nennenswerte Leistung – aber Achtung! Manchmal müsst ihr auch anständige Bilder zeigen, sonst kommen gleich die Kritiker.

5. Bei anderen Seiten WggW schnorren.

6. Schibbi-Schabbis haben. Langweilig ist nicht! Ihr müsst schon verschiedene Kreationen an eurem Pferd zeigen, und farblich passen müssen die auch!

7. Ständig jemanden mit einer Spiegelreflex engagieren, der auf all seine Bilder ein Wasserzeichen draufpappt. Das weist den Profi aus.

8. Überhaupt solltet ihr immer *alles* dokumentieren. Euer Smartphone ist euer Lebensretter. »Kratze gerade Hufe aus, lol!« oder »Bin gerade auf den Platz gegangen. #justsaying« geht immer.

9. #Hashtags #benutzen!!!111

10. Negative Kritik immer sofort löschen und dann in einem superlangen Jammerpost erzählen, wie böse man beschuldigt wurde. Dann schnell ein Gewinnspiel raushauen, damit alle die Fresse halten und das Ganze brav teilen.

Wenn ihr diese Punkte beherzigt, dann kommt der Fame von ganz allein! Vielleicht schafft ihr es sogar bis zum gesponserten *Facebook*-Vorbild, das ständig Schibbi-Schabbis umsonst bekommt.

So kennt das auch Dressursusi. Deswegen sichert sie sich schon mal schnell den Seitennamen »Mein Traum«. Kann man ja später noch umbenennen und ergänzen. Schnell noch einen Infotext hingerotzt: »Hier erfahrt ihr alles über mein Pferd.«
Dazu ein Bild von der ehemaligen Reitbeteiligung, die nun platt ist. Ja, doch, das sieht nach Seite aus. Liket die Chayenne auch gleich.
Unterdessen wurde Mutti mobilisiert, und die fährt Dressursusi und Chayenne zum Stall. Frau Dressursusi-Mutti hat zwar keine Ahnung von Pferden, aber eine Menge Bargeld. Das kaschiert das Problem definitiv.
Im Stall wartet die Denise schon ungeduldig. Die möchte schließlich ein Pferd an die Frau bringen. Gesattelt ist der gute Bursche schon – und ein wahrer Traum von Pferd. Lackschwarz, natürlich. Alle guten Pferde sind lackschwarz. Eine hübsche Blesse, ein bisschen weiß am Hinterbein. Ja, Mensch, was für ein Traum!
Prall geschnürt mit Sperrriemen steht es also sabbernd da, das Traumpferd in spe, und die Denise stellt sogleich vor: »Der ist einer aus Totilas Mutter.«
Huiuiui! Da sabbern die Chayenne und die Dressursusi mit dem lackschwarzen Traumprinzen gleich um die Wette.

20

»Der ist schon Jungpferde-Prüfungen gegangen«, sagt die Denise und hält Dressursusi die Zügel hin. »Super Wertnoten. Nur etwas zu klein, daher deutlich unter Preis.«

So klein ist der gar nicht, findet Dressursusi, aber wenn ein Profi das sagt …

»Hat der auch einen Namen?«, fragt sie.

»Der heißt Spitzbube. Kannst ihn ja umtaufen, wenn das dir nicht gefällt.«

Nee, gefällt Dressursusi nicht. Was soll denn das für ein altmodischer Name sein? Trotzdem nimmt sie die Zügel. Allerdings schon mit weniger Motivation. Wenn nicht einmal der Name zu ihrem Traum passt … Wie soll es dann der Rest tun?

Denise gibt Starthilfe und wirft Dressursusi auf den Spitzbuben. Der steht da, lässt sich ein bisschen bewundern und dann in Richtung Platz lenken.

Er ist nämlich eine Frohnatur und eigentlich ein von Grund auf nettes Pferd. Ein bisschen jung eben, gerade vier Jahre alt, aber ansonsten etwas, das wirklich Spaß macht. Wenn man denn Lust auf so ein Pferd hat.

Dressursusi trabt direkt an, Denise hat den bestimmt schon warm gemacht.

Stolz nimmt sie die Zügel an, und Spitzbube reagiert auch gleich wie gewünscht, er nimmt die Rübe runter und macht einen dicken Kragen. Toll! Das ist Reiten. Und so einfach. Mit dem kann man sicher ein paar Schleifchen gewinnen.

Mit einem Lächeln winkt sie zu Muttern rüber – die muss doch stolz auf ihre Tochter sein, so gut wie die gerade aussieht. Die Chayenne macht auch schon eifrig Schnappschüsse für *Instagram*.

Denise spielt mit ihrem Handy und brüllt nebenher zwei Kinder an, die zu laut geatmet haben. »*Hallo*! Das ist ein Jungpferd!«

»Was soll der denn kosten?«, fragt Dressursusis Mutter die Denise.

»10.000 Euro! Ist aber unter Wert. Der hat einen leichten Ton und ein Ekzem. Aber ansonsten ist der super, da haben Sie lange Freude dran.«

Ist denn das wirklich ein guter Preis? Das fragt sich die Dressursusi. Sie weiß nämlich, dass andere Leute weitaus mehr für ihre Cracks hingeblättert haben.

Auch das ist wichtig, um sich hinterher profilieren zu können: Reiter mögen Geld. Denn weil ja ein Großteil der Nichtreiter dauernd erzählt, wie reich diese Reiter sind, müssen sie öfters damit prahlen. Man weiß nicht genau wieso, aber sie müssen einfach. Reiterdialoge mit Preisschild sind sehr anstrengend, werden aber trotzdem ständig geführt. Ist ein bisschen wie Penisvergleich für Mädchen, die ja bekanntlich keinen haben (sollten). Da wird mit Argusaugen geguckt, wer Daddys Geld am besten angelegt hat – denn meistens sind genau die, die damit protzen, was ihr Pferd gekostet hat, auch die, die es gar nicht selbst bezahlt haben.

Das ist schon fast obligatorisch; alle paar Wochen kommt ein Post in einer Pferdegruppe mit der Frage: Was hat euer Pferd gekostet?

Und es wird den Leuten dort niemals zu dumm. Die posten auch hundertmal, dass ihr Pferd 12.000 Euro gekostet hat. Wow! *Zwölftausend!!!111einself*. Na, da müssen die ja einen waschechten Kracher haben. Wie, das Pferd hat ständig Montag? Ja, blöd. Aber teuer war's.

Und hässlich wie die Nacht obendrein.

Denn wenn man sich die Diskussion mal genauer anschaut, kann man eigentlich vor allem beobachten, wer von den Anwesenden sich am meisten hat bescheißen lassen.

»Was haben eure Pferde gekostet?«
»5.000 Euro für ein siebenjähriges nettes Freizeitpony. Verlasspferd und für Kinder geeignet.«
Jo, klingt vernünftig.
»3.000 Euro für ein altes krankes Pferd, unreitbar. Aber ich liebe sie so doll, habe mich sofort in sie verliebt.«
Anwärter aufs Vollhorst-Treppchen, definitiv.

»7.000 Euro für ein Jungpferd, gute Abstammung, A-platziert.«
Passt noch.

»12.000 Euro – schlechter TÜV, aber das geht bestimmt! Atemgeräusche, nur deswegen so billig.«

Jap, du kriegst schon mal 'nen Keks und die goldene Narrenkappe. Warum hat das Pferd wohl 'nen schlechten TÜV? Aus Spaß?

»2.000 Euro für ein Shetty-Fohlen in einer superseltenen Farbe!«

Die Farbe ist Dunkelbraun, und das Fohlen ist gar kein Fohlen. Aber ja, auch du kriegst 'nen Keks und 'ne Narrenkappe.

Wollen wir weitermachen? Nein? Besser ist das.

Wie diese Leute sich aber auch immer damit brüsten, wenn sie sich über den Tisch haben ziehen lassen. Klar, ein Pferd ist immer so viel wert, wie ein Käufer dafür ausgibt, und der individuelle Wert für seinen Besitzer übersteigt den Kaufpreis meist um Längen. Aber warum muss man überhaupt ständig auf Schwanzvergleich mit anderen Leuten aus sein? Sonst heißt es doch immer: Auf Papieren kann man nicht reiten. Auf Geld aber anscheinend schon?

Und wenn es nicht das Pferd ist, dann reden diese Menschen gerne über Sättel. Denn je teurer, desto besser passt er.

Merke: Wenn die Zahl vierstellig wird, dann passt er kontinuierlich besser. Steht zusätzlich vorne eine zwei dran, passt er perfekt. Scheißegal, wie krumm das Pferd geht und wie sehr der Sattel wackelt. Der muss passen, er war schließlich teuer.

Auch hier lesen sich die Online-Diskussionen immer ähnlich.

»Was hat euer Sattel gekostet?«

»2.399 Euro!«

Der passt. Sieht man am Preis.

»400 Euro, neu!«

Muss ein Wintec sein, passt also nicht.

»129 Euro!«

Passt vielleicht aufs Barbie-Pferd, aber niemals auf ein echtes. Das ist zwar ein Militärsattel aus dem Zweiten Weltkrieg, aber hey – er ist *viel* zu günstig.

Tja, da haben wir nun den Salat. Am Ende der Debatten gibt es natürlich immer Sieger. Die mit dem teuersten Pferd und die mit dem teuersten Sattel. Herzlichen Glückwunsch! Ihr habt am meisten Geld ausgegeben (bzw. ausgeben lassen). Zufrieden?

Dressursusi ist es nicht. Irgendwie klingt ihr das Pferd zu billig. Und dann noch der Name …
Sie pariert durch. »Hast du noch was anderes außer dem?«
»Ich weiß ja nicht, in was für einer Preisklasse ihr sucht, aber ich habe auch noch einen Schönen von Sandro Hit. Der kostet aber um die 20.000 Euro. 18.000, weil ihr es seid«, schiebt sie schnell hinterher, als sie sieht, wie Frau Mutter Dressursusi ein bisschen blass wird.
»Ja, dann möchte ich den mal testen«, sagt Dressursusi und steigt ab. Nee … 10.000 Euro … Was sollen die Leute denn da denken? Dass sie das Kind von armen Leuten ist? Überhaupt, so toll ist der Spitzbube auch gar nicht.
Grüßend kommt eine Westernreiterin auf den Platz, wird aber von der Denise weggewedelt. »Das ist ein Verkaufsritt mit *Jungpferd*!« Das muss man immer extra betonen, damit die Leute auch ja leise sind.
Die Westernreiterin geht wieder. Das ist ihr zu heikel. Hier kennt ja jeder die Launen der Reitlehrerin.
Dressursusi drückt also Denise den Spitzbuben in die Hand und wartet, bis ihre Reitlehrerin mit dem angepriesenen Sandro Hit-Sohn ankommt. Der ist aber, oh Graus, ausgerechnet ein Fuchs. Könnte der nicht auch ein Rappe sein? So ein toller Glanzrappe wie der Spitzbube?
Wild tänzelnd, mit demselben Sattel wie eben Spitzbube hergerichtet, steht der Gaul da und beglubscht panisch

Dressursusi, die eine pinke Weste trägt. Was Dressursusi nämlich zu diesem Zeitpunkt noch nicht weiß: Der findet immer einen Grund, um auszurasten.

»Der hat viel Blut«, sagt Denise ausweichend und hievt Dressursusi hoch. »Den muss man gut anpacken. Kein Anfängerpferd.«

Das ist schon mal gut. Die Dressursusi ist ja schließlich auch keine Anfängerin mehr. Überhaupt, der Spitzbube wirkte so einfach gestrickt. Der hier hat Feuer.

»Und wie heißt der?«, fragt sie nach einer Schrittrunde, in der sich das Pferd schon mal ausgeguckt hat, wovor es beim Antraben Angst haben wird.

»Wonderful Days.« Na, das klingt doch schon mal besser als Spitzbube.

Dressursusi will antraben, aber Wonderful Days rührt sich nicht. Der überlegt sich gerade, ob er lieber in Schreckstarre verfallen oder aber panisch flüchten soll, weil hinten auf der Wiese zwei Enten gelandet sind.

»Soll ich dir Sporen holen?«, fragt Denise eifrig. Eifrig deswegen, weil sich ihre Einnahme gerade verdoppelt hat. Denn dass Dressursusi den angepriesenen Sandro Hit-Nachkommen verschmäht, ist ausgeschlossen.

»Ja, bitte.« Sporen kriegen nämlich auch nur die Fortgeschrittenen, keine Anfänger. Und Denise hat ihr noch nie Sporen gegeben.

Mit stolzgeschwellter Brust lässt sie sich die Sporen reichen und auch gleich eine Gerte. So gewappnet trabt sie Wonderful Days an und ist ganz begeistert. Was für ein Trab. Man muss sogar nur ein kleines bisschen gegenhalten, während man hinten schön vorwärts treibt. Dass Wonderful Days dabei das Gebiss mittlerweile schon einseitig an den Ohren hängen hat, ist ganz egal. Das muss so sein, das ist Dressur.

Wonderful Days rumpelt über den Platz, die Ohren im Genick, während er versucht, irgendetwas von dem zu verstehen, was Dressursusi da veranstaltet. Schließlich treibt sie, während sie auf der Bremse hockt. Er ist zu freundlich, um sie direkt darauf hinzuweisen, dass er das nicht lange mitmachen wird.

Die Denise heuchelt Begeisterung. »Das ist absolut dein Pferd, ihr seht toll aus.«

Chayenne macht weiter fleißig *Instagram*-Fotos. »Jaa! Super.«

Und Mutter Dressursusi fragt: »18.000 Euro? Nehmen Sie Kreditkarten?«

Nee, die kann Denise sich ja nicht selbst durch den Schlitz ziehen. »Es reicht, wenn Sie den anzahlen, dann können Sie mir den Rest beim nächsten Mal geben.«

Da nickt Frau Mutter erleichtert. Nicht, dass jemand dem Töchterlein nachher noch das Traumpferd wegschnappt. Das wäre grauenhaft.

»Und, macht er dir Spaß?« So ganz ist Denise sich nicht sicher, ob der Funke übergesprungen ist. »Den kann nicht jeder reiten.« Die Schmeichelei sollte doch reichen.

Prompt fühlt sich die Dressursusi super, als sie angaloppiert. Also *sie* kann den reiten. Sieht man ja, der macht alles, was sie will. Außer anhalten.

»Brrr«, macht Dressursusi, aber Wonderful Days denkt gar nicht daran und dreht noch eine Runde.

Warum auch nicht? Die gibt doch ständig Gas und zerrt dann im Maul. Daher verkriecht er sich ein bisschen hinter dem straffen Zügel und macht eigentlich genau das, was Dressursusi ihm sagt.

Als sie ihn dann endlich durchpariert, denkt sie sich zwar: Huch … Aber ansonsten ist es ja wohl eindeutig klar, nachdem sie das geniale Bild von Chayenne gesehen hat. Das ist ihr Pferd! Hurra! Bei 18.000 Euro hat sie auch gleich einen Grund, ordentlich anzugeben. Und wenn sie dann noch das Foto zeigt: umso besser. Die anderen werden grün vor Neid werden, wenn sie dieses Bild sehen.

Und wie das erst sein wird, wenn sie endlich die ersehnten Schleifen nach Hause geholt hat. Da geht der Dressursusi das Herz auf, vor lauter Vorfreude.

»Ja, ich möchte den«, schreit sie in die Welt hinaus. »Mama, kann ich ihn haben?«

Mama nickt gottergeben. Hauptsache, der Schreihals von Tochter ist zufrieden und nimmt jetzt endlich ein Pferd. Ihre Pumps sind nämlich schon dreckig, ein Fingernagel ist abgebrochen, und sie friert auch an den Haaren.

Geld wechselt den Besitzer, dann darf Wonderful Days einziehen. Sogleich wird auch ein Namensänderungsantrag für gefühlt viel zu viel Geld an die FN geschickt, denn der Name ist nicht cool genug. Kennen wir ja schon. Es wird zwar nicht »White Pearl Of Silver Moon« wie bei der Einhornreiterin aus Buch Eins, dafür aber »Wonderful Days Mon Amour«. Eine grässliche französisch-englische Kombination für ein deutsches Pferd.

So wird auch prompt die Seite genannt – vorsichtshalber noch mit Herzchen, denn so ein Seelenpferd erkennt man immer an den Herzchen, die seine Besitzerin im Online-Leben benutzt.

Die Chayenne promotet auch schon fleißig in diversen *Facebook*-Pferdegruppen und gibt damit an, dass sie beim Kauf mit ihrem fundierten Fachwissen geholfen hat. Immerhin, sie war anwesend und hat geatmet. Wenn das mal keine Hilfe ist …

Dressursusi geht natürlich sofort shoppen, kauft drei Reitgeschäfte leer und hat auch bald die passendste Kolli zu Wonderful Days Mon Amour gefunden. Denn jeder weiß, dass fuchsiges Rot eindeutig zu Ponyhofpink passt. Eine der Kollis ist zum Verlosen auf ihrer Seite. Das macht jeder gute Seitenbetreiber so. Im Gegenzug müssen die Teilnehmer sich nur dreimal im Kreis drehen, in die Hände klatschen, ein Selfie machen und die Seite teilen. Vor allem natürlich teilen, das ist ja das Wichtigste.

Aber jetzt möchte Dressursusi auch endlich mal ihren künftigen Crack reiten.

Schnell wird bei Mutti gequengelt, ob man das Auto haben darf – und prompt ist sie mit dem neuen BMW und den dreckigen Stiefeln in Richtung Stall gebraust.

Dort angekommen ist Dressursusi schon wieder hin und weg von ihrem Wonderful Days Mon Amour. Ist er nicht toll? Ist er nicht wunderschön? Das sagt sie auch jedem, der vorbeikommt.

Sie erntet vorläufig jedoch nur wenig verständnisvolle Blicke. Woran das wohl liegt? Mit ein bisschen Nachdenken kommt sie selbst darauf: Wonderful Days Mon Amour hat noch gar keine Schleifen gewonnen. Da ist ja klar, dass Dressursusi nicht so super ankommt. Bis jetzt war sie hier im Stall auch nur die Reitbeteiligung; da muss sie sich schon ein wenig anstrengen, um in der stallischen Hackordnung aufzusteigen.

Also wird Wonderful Days Mon Amour aus der Box gefischt und zum Anbinder gezerrt, wo mit ihm ordentlich angegeben werden kann.

Der geliehene Sattel wird geholt (da war die Denise richtig großzügig!) und das Vorzeigepferd schnell gesattelt. Einen edlen Zaum hat Dressursusi auch schon. Richtig schön mit Strasssteinchen und Goldschnallen. Und Lack. Alle Dressursusis stehen auf Lack.

»Ist das deiner?«, fragt ein Mädchen neben ihr.

Dressursusi erfasst die Situation genau. Pummeliger Tinker, gebissloser Zaum. Die kriegt keine freundliche Antwort. »Joa.«

»Der ist ja nicht ohne, ne?«, fragt forsch die Tinker-Reiterin, während sie ihrem Zottel die Mähne kämmt.

»Der ist halt kein Anfängerpferd«, erwidert stolz die Dressursusi.

»Ah ja …« Die Tinker-Reiterin kramt in ihrer Putzkiste herum. »Ich bin übrigens Isabell.«

Dressursusi ist zu beschäftigt, um Isabell ihren Namen zu nennen, denn sie stellt jetzt erst ihren fatalen Fehler fest, die Schibbi-Schabbi nicht gewechselt zu haben. Das geht so gar nicht, denn die hässliche Schabracke von Denise in kotzgrün weist sie sofort als Schulpferdereiterin aus. Nachher denkt noch jemand, ihr Wonderful Days Mon Amour wäre ein ordinäres Schulpferd. Nur über ihre Leiche.

Verärgert über ihr Versehen zerrt Dressursusi an dem Sattel und knallt ihn neben sich auf den Boden. Dabei erschrickt Wonderful Days Mon Amour und hängt sich in den nagelneuen Nobelmarkenstrick. Das scheppert natürlich, und Dressursusi wird richtig panisch. Wie bekommt sie ihn denn jetzt wieder ruhig?

Unschlüssig steht sie da und wedelt mit der tollen Schibbi-Schabbi in Ponyhofpink. Aber Wonderful Days Mon Amour hängt sich nur noch stärker in den Strick, sodass da richtig Spannung reinkommt.

Zum Glück kommt Isabell zu Hilfe. Die nimmt sich mutig einen Besen und klatscht damit einmal hinter Wonderful Days Mon Amour auf den Boden. Prompt springt der hoch und presst sich panisch an die Wand. Jetzt ist Dressursusi schneller, sie kann den Panikhaken lösen und den hysterischen Wonderful Days Mon Amour einsammeln, bevor der vollends wegläuft.

Jetzt muss sie aber erstmal ordentlich Kritik an Isabell üben. »Was hast du da gemacht?« Dressursusi ist sauer. »Bist du verrückt?«

»Na, wie wolltest du den denn sonst losbekommen?«, fragt Isabell etwas verwirrt.

Hat die jetzt wirklich ein »Danke« erwartet? Ist die denn völlig daneben?

»Bist du bescheuert, den so zu erschrecken? Der war teuer!«, faucht Dressursusi.

Isabell geht zurück zu ihrem Tinker, der das ganze Theater nur mit einem müden Auge belächelt hat. Die sind ja auch scheintot. Sagt die Chayenne immer, und die weiß natürlich Bescheid.

»Dir helf ich noch mal«, murmelt Isabell in das Fell ihres Tinkers, aber Dressursusi hört schon gar nicht mehr hin. Die ist mit Schabrackentausch beschäftigt und freut sich, dass das Ponyhofpink so gut zu ihrer Bling-Bling-Trense passt. Ein zweites Mal satteln ist aber plötzlich gar nicht mehr so einfach.

Wild schnorchelnd springt Wonderful Days Mon Amour herum und hat keine Lust mehr, sich satteln zu lassen. Schließlich weiß er noch ganz genau, was vorhin passiert ist, und das war gar nicht gut. Er lernt schnell. Übrigens auch ganz schnell Unsinn.

Isabell schaut eine Weile zu, aber sagen möchte sie nichts mehr. Gibt ja so Leute, bei denen ist der Atem verschwendet. Das gilt vor allem für Dressursusi.

Die wird nun langsam wütend. Hallo? Sie hat sich ein Pferd zum Reiten gekauft. Keins, mit dem sie um den Anbinder Hula tanzen will.

Als sie den Sattel endlich auflegen kann, ist sie schweißgebadet und Wonderful Days Mon Amour mit den Nerven fertig.

Immerhin hat er jetzt nicht mehr so viel Elan, dass er ähnlich unkontrolliert durch die Halle jagen könnte wie beim Probereiten. Denkt jedenfalls Dressursusi.

Aber schon blüht ihr der nächste Fauxpas: Die Bling-Bling-Steine im Stirnband passen nicht zum Ponyhofpink.

Dressursusi knallt sauer den Gurt an – was Wonderful Days Mon Amour noch mal zu einem Hüpfer verleitet – und schwört, dass sie nach dem Ritt sofort ins Reitgeschäft fahren wird.

Hoffentlich sieht das keiner. Die zerfetzen sich doch das Maul, wenn sie mit diesem modischen Fehltritt ankommt.

Schnell aufsteigen, Helm auf dem Kopf natürlich nicht inklusive, denn Dressursusi hat sich heute Morgen eine schicke Hochsteckfrisur gemacht.

Und dann auf in die Halle, wo sie ohne zu fragen eintritt und prompt mit einem Schecken zusammenstößt.

»Pass doch auf«, schimpft die Schecken-Reiterin, die durchparieren muss, um nicht die ponyhofpinke Schabracke von ganz nah zu betrachten.

»Pass *du* doch auf«, plärrt Dressursusi. »Der war teuer.«

Kopfschüttelnd dreht die Schecken-Reiterin um und trottet von dannen.

Unverschämtheit. Das teuerste Pferd hat Vorfahrt, das weiß doch jeder.

Dressursusi reitet also ein bisschen warm, da hört sie Denise'
laute Stimme in der Stallgasse. Die telefoniert offenbar gerade
mit ihrer Oma, was problemlos jeder im Stall hören kann.

»Nein, ich komme dich erst um halb sieben abholen!«
Denise kann sich kaum anders als schreiend verständigen.
Außer, wenn sie lästert. Aber selbst das macht sie laut.

Na, dann kann Dressursusi ja direkt mal vor der Denise glänzen.

Sie trabt an, und Wonderful Days Mon Amour macht
auch ungefähr zwei Minuten lang mit. Ihre nächste Hilfe
ignoriert er. Bei der übernächsten schießt er los. Was ist denn
da jetzt wieder passiert? Kaum eine Woche hat Dressursusi
Wonderful Days Mon Amour, und er geht ihr schon tierisch
auf den Zeiger. Erst das Theater mit dem Sattel, und jetzt das.

Dazu sollte gesagt sein: Nicht jedes Pferd reagiert auf
jede Hilfe gleich. Schon allein aufgrund der Reitweise ist da
immer ein bisschen Schwund. Aber auch aufgrund einiger
charakterlicher Eigenschaften ist es nicht unbedingt sicher,
dass das Pferd korrekt auf eine Hilfe reagiert, obwohl es
diese kennt und versteht. Deswegen gucken wir uns jetzt mal
die verschiedenen Hilfetypen an.

Streber
Ein Streber hat schon erahnt, dass gleich die Galopphilfe
kommt, weil er telepathisch veranlagt ist. Galoppiert bereits,
bevor sich irgendetwas im Sattel bewegt. Leider versteht er
viele Hilfen als Galopphilfen. Er ist ein bisschen wie Copy &
Paste – die letzte Hilfe bleibt gespeichert. Überschreibt man
sie, wird der Streber das abrufen, was zuletzt gespeichert
wurde. Falls es Müll war, eben auch Müll.

Ungefähr so:
Hilfe kommt.
»Kann ich! Guck!«
»Das meinte ich nicht …«
»Doch, doch, du musst das gemeint haben!«

Zicke

Die Zicke ist meist eine Stute. Oder ein Wallach im falschen Körper. Es geht ihr ums Prinzip. So eine Hilfe ist ja schließlich auch eine Frage der Rangordnung. Nur weil die kommt, muss man ja nichts damit machen.

Das läuft dann so:

Hilfe kommt.

»Was soll das? Das stört mich!«

»Ich möchte, dass du angaloppierst.«

»Nein!«

»Warum nicht?«

»*Nein*!«

Arschlochpferd

Ein Arschlochpferd kennt Hilfen, kann sich aber durchmogeln und selbige sehr geschickt ignorieren, indem sie nur zum Teil ausgeführt oder aber mit absolutem Chaos beantwortet werden.

Hilfe kommt.

»Ja ja … ich mach doch schon.«

»Stimmt doch gar nicht.«

»Guck mal, ein Eichhörnchen … *Huiiiiiiiiiii*!«

Professor

Der Professor kennt alle Hilfen. Aber er erwartet Perfektion. Bist du nicht präzise, gilt die Hilfe nicht. Und zwar gar nicht. Wenn's nach ihm geht, dann gilt die auch die nächsten zwei Stunden nicht, sofern sie nicht zu seiner Zufriedenheit ausgeführt wird.

Hilfe kommt.

»Dein Bein ist zwei Millimeter zu weit vorne. Das verstehe ich nicht.«

»Komm schon, was soll das sonst sein?«

»Weiß ich nicht. Bedaure, aber auf solche unklaren Dinge reagiere ich nicht.«

Irre

Dann gibt es da noch die Irren. Da kann die Hilfe mal funktionieren, mal auch nicht. Die Irre (ist meist auch Stute) kennt sie dann, in diesem Moment, auch wirklich nicht und ist völlig überrascht davon. Egal, ob das gestern noch alles funktioniert hat.

Hilfe kommt.

»*Was*?«

»Das soll mal Galopp werden. Warum bremst du jetzt?«

»*Hilfe*! Das versteh ich nicht.«

»Und warum steigst du jetzt?«

»Weiß nicht. Fühle mich bedroht.«

Faulpelz

In der Theorie kennt der Faulpelz alles. In der Praxis ignoriert er auch alles. Man muss manchmal schon die Brechstange holen, damit irgendetwas passiert.

Hilfe kommt.

»Ja ja …«

»Ja ja heißt: Leck mich am Arsch!«

»Genau, Frauchen. Hast du richtig erkannt!«

Sensibelchen

Das Sensibelchen möchte es eben auf die sanfte Tour. Eine Hilfe, die nicht sanft genug gegeben wird, führt zu Handstand oder Rückwärtssalto mit doppelter Schraube.

Hilfe kommt.

»Oh Gott, wieso bist du so brutal?«

»Ich habe meine Hand eingedreht.«

»Das ganze Gebiss durchs Maul gezogen. Skandal! Tierquälerei!«

Unkontrolliertes Bocken inklusive.

Wonderful Days Mon Amour ist so eine Mischung aus allem. Er steigt nun erstmal, als Dressursusi ihm die Galopphilfe präsentiert.

Zum Glück ist Denise da. »Jetzt zeig dem mal, wer hier der Herr im Haus ist. Ja, hau den mal. Der soll den Unsinn lassen. Und nimm die Zügel ran, der fällt dir völlig auseinander.«

Dressursusi tut wie ihr geheißen, und der verwirrte Wonderful Days Mon Amour fügt sich. Er hat ja keine andere Wahl. Dafür trabt er jetzt nett dahin, hat die Nase auch irgendwo auf der Brust und kippt das Becken schief. Wird von Dressursusi mit Durchlässigkeit verwechselt.

Dressursusi ist nun auch wieder gnädig gestimmt. Geht doch. Ja, jetzt kann sie der Denise was vorreiten und schon mal nachfragen, welches Turnier sie nennen soll. Eine M sollte doch drin sein, oder?

Wonderful Days Mon Amour lässt sich zumindest bis zum Ende der Reiteinheit halbwegs gescheit reiten. Primär, weil er ein Goldfischhirn hat; und außerdem hat er noch nicht geschnallt, dass er stärker als unsere künftige Olympionikin wäre, wenn er nur wollte.

»Und?«, fragt glücklich die Dressursusi.

Denise guckt auf ihr Handy. »Ja, war sehr schön.«

»Was kann ich denn mit dem nennen?«

»Was hast du denn für 'ne LK?«

»Ja, öhm … keine. Ich hab doch gar kein Reitabzeichen.«

»Dann musst du wohl eine E-Dressur nennen.«

Dressursusi ist den Tränen nahe. *Was*? E? Da kann sie ja gleich mit den Kindergartenkindern um die Wette reiten.

»Eine E?«, fragt Dressursusi schniefend.

»Der ist ja auch noch jung. Dressurpferde-E muss für den erstmal ausreichen. Aber A-platziert war der auch schon. Du kannst ja das Reitabzeichen mit ihm machen.«

»Kann ich das nächste Woche machen?«

»Kannst du denn springen?«

»Nein.«

»Dann musst du erstmal in die Springstunde.« Denise guckt wieder auf ihr Handy. Halt … Moment! Springstunden kosten Geld. Geld, das in ihre Tasche fließt. Sie ringt sich ein Lächeln ab. »Du kannst aber gerne morgen mitspringen. Ich gebe dir eins von den Schulpferden, dann kannst du ein bisschen lernen.«

Das wird natürlich extra berechnet, auch wenn die Dressursusi davon keine Ahnung hat. Wird Mama schon bezahlen.

Dressursusi braucht also ihr Reitabzeichen, sonst darf sie nicht mitspielen bei den Reichen und Schönen. Prompt eröffnet sie das der Mama, und die nickt nur müde. Ja ja, wo muss ich die Kreditkarte durchziehen?

Den hundert Followern bei *Faceb*ook wird die frohe Botschaft auch gleich verkündet, denn sie möchte ja mit Wonderful Days Mon Amour bald in den gehobenen Klassen unterwegs sein. Was Denise ihr verschwiegen hat, ist, dass man trotz Reitabzeichen nicht einfach in den Grand Prix stiefeln darf. Aber dann würde das Geld ja auch nicht mehr in ihre Tasche fließen, und so was mag die Reitlehrerin nun mal gar nicht.

Dressursusi wird auch direkt über den grünen Klee gelobt. So tolle Sachen macht die. Man findet super, wie sie sich weiterbilden will, um ihre Ziele zu erreichen; das sollte jeder machen.

So gelobt steht Dressursusi auch bald bei Denise auf der Matte, fünf Stunden zu früh für die Springstunde, aber sie möchte ja auch noch Wonderful Days Mon Amour arbeiten. Okay, nee, eigentlich möchte sie nur ein paar Selfies machen und was auf ihrer *Instagram*-Seite posten, aber das ist ja quasi auch Arbeit, wo doch heutzutage jeder Teenie *YouTube*-Star oder *Instagram*-Held von Beruf werden will.

Das Pferd wird also rausgeholt, aus allen Blickwinkeln fotografiert und dann in die leere Halle gezerrt, wo ein bisschen Laufenlassen angesagt ist.

Unaufgewärmt, denn das Tier wird ja dabei warm genug. Und es ist heute auch draußen warm, das muss reichen.

Dabei wird fleißig gefilmt und direkt ein Video ins Internet geblasen – guckt mal, was der für geile Gänge hat.

Wenn man den meisten Reitern Glauben schenken darf, ist sowieso nur wichtig, wie viele Lampen kaputtgehen, wenn das Pferd durch die Halle trabt. Es ist zwar von Vorteil, wenn das Tier lackschwarz ist, es kann aber auch ein hässlicher Grottenolm in quietschrosa sein. Hauptsache, die Gänge stimmen. Betrachten wir doch mal einen Querschnitt durch die verschiedenen Gangarten … und was man damit anfangen kann.

Die Typen der Gangart Schritt

Der Schulpferde-Schluff
Schulpferde-Schluff kann jedes Pferd an einem heißen Tag, oder aber wenn es null Motivation hat. Schulpferde-Schluff wird mit Vorliebe auf Sand praktiziert; das Pferd hebt dabei streng genommen keinen der Hufe, sondern spielt Spitzentänzer. Nur eben ohne Elan, Ausdruck und andere Dinge, die das Wort Tanz suggeriert.

Ist-das-noch-Schritt?
Übereifrige Pferde zeigen gern eine Art Schrab. Oder fangen spontan an zu passen, wenn sie eigentlich Schritt gehen sollen. Die Ist-das-noch-Schritt?-Fraktion muss unbedingt mit Fahrleinen geritten werden, jedenfalls im Schritt, weil jeder Kontakt mit dem Zügel automatisch zu irgendetwas führt – nur niemals zum Schritt.

Der Streber
Wer kann, der kann! Der Streber zeigt einen so fleißigen Schritt, dass man sich obendrauf keine Tasse Tee einschenken kann, denn es schaukelt wie bei Oma auf dem Schaukel-stuhl. Und dann sehen die Streber dabei auch noch immer so eklig fröhlich aus. Allerdings hassen sie es, wenn andere Pferde schneller im Schritt sind und verfallen dann gerne mal beleidigt in Schulpferde-Schluff.

Die Typen der Gangart Trab:

Das Paddelboot

Das Paddelboot braucht mehrere Hufschläge, weil seine Beine nach außen paddeln. Es braucht auch Gamaschen, weil es sonst ständig Schrammen hat. Und es kann nicht einfach so Pferde überholen, weil es denen sonst ein Bein stellt. Gemeinerweise muss das Paddelboot immer hinten in die Abteilung und hat durch das ganze Gepaddel gar nicht genug Energie, um mit den anderen mitzuhalten, so sehr es sich auch anstrengt. Aber es ist stets bemüht.

Der Lampenaustreter

Ein Lampenaustreter muss nicht korrekt gehen, er muss nur ordentlich strampeln. Nur vorne; das Hinten nimmt er gerne mal nicht mit, wenn man ihn nicht immer wieder daran erinnert, dass er vier Beine hat, nicht bloß zwei. Sitzen kann das auch keiner, also klammert man sich dran und lächelt. Aber einer klatscht garantiert!

Die Nähmaschine

Die Nähmaschine hat einen gleichbleibend unsitzbar schnellen Trab und meistens kurze Beine. Falls nicht, ist es trotzdem ein flacher, doofer Trab, und jeder Versuch, Struktur hineinzubringen, wird vom Pferd vereitelt, das seinen Nähmaschinen-Trab eigentlich sehr gerne hat. Übrigens können Nähmaschinen *nicht* dadurch gebremst werden, dass man denen so etwas Profanes wie Trabstangen auf den Boden hinlegt. Ihr Narren!

Das Trampolin

Das Trampolin ist sehr schwungvoll und wohl irgendwie aus Gummi. Da schwingt alles, und jeder Reiter wird seekrank. Der Vorteil: Kann er den sitzen, sitzt er alles. Das Trampolin ist immer gleichbleibend schwungvoll, wird nie schneller und ist ideal für Longenstunden. Zumindest für die Reitlehrerin – die Schüler flüchten, wenn sie das Trampolin sehen.

Die Typen der Gangart Galopp

Der Blumenwalzer

Ein Galopp wie ein Walzer von Tschaikowski, so butter-weich zu sitzen. Lenken ist allerdings nur auf großen Bahnen möglich, denn Walzer kommt ja auch von Plattwalzen. So macht der Blumenwalzer der Reihe nach Stangen, Sprünge, Kinder, Igel und Bahnbegrenzungen platt. Aber er ist so verdammt bequem!

Der Galopper

Ist in Wahrheit selten ein waschechter Galopper, er hält sich nur dafür. Ergo rastet er völlig aus, wenn es ums Galoppieren geht, und er führt im Kopf eine Liste mit Bahnrekorden in winzig kleinen Reithallen oder auf Longierzirkeln. Er kreist dabei wie ein Motorrad in der Kurve und unterscheidet nicht zwischen Außengalopp, Kreuzgalopp oder Handgalopp. Der macht alle drei hintereinander in unverändertem Tempo.

Das-muss-ich-mir-noch-überlegen

Diese Gattung überlegt sich wirklich alles dreimal, auch wenn der Reiter schon eine deutliche Ansage getroffen hat. Sobald das Bein auch nur eine winzige Millisekunde zu spät treibt, ist der Das-muss-ich-mir-noch-überlegen schon im Trab, den er konstant zeigt. Außerdem kann er sehr hübsch sehr schnell traben, aber er möchte deswegen trotzdem keinen Gang höher schalten.

Wonderful Days Mon Amour für seinen Teil trötet und prustet und trabt völlig überdreht hin und her, primär, weil er sich vor der Peitsche fürchtet.

Entsprechend nass wird er dann wieder in der Box geparkt. Eine Weide hat Dressursusi nämlich zu mieten vergessen, und bisher ist ihr das nicht aufgefallen.

Glücklich schaut sie zu, wie die ganzen Likes reinpurzeln; dann ist auch schon die Denise da, und die hat ein total ätzendes Pferd dabei: Dressursusis Springpferd für die heutige Stunde.

»Die kann das gut, da haben alle mit gelernt«, sagt sie und drückt das bereits gesattelte und getrenste Pferd Dressursusi in die Hand. »Die heißt Haifa und ist ganz lieb.«

Ja, und auch ganz hässlich, wie Dressursusi findet. *Die* postet sie sicher nicht auf *Instagram*. Das ist schließlich nur für schöne Sachen da. Haifa ist dunkelbraun und sieht ein bisschen aus wie eine Gurke, sie hat nämlich gar keinen schönen Hals. Primär liegt das daran, dass Haifa schon gefühlte 100 Jahre alt ist, aber was weiß Dressursusi schon?

Zögerlich steigt sie auf und ist auch bald in der Halle, wo ihre Mitreiter sie erwarten. Da sind zwei Mädchen, kaum älter als fünfzehn … sie selbst, leidliche achtzehn und künftige Studentin, jetzt natürlich in einem Auszeitjahr, um sich zu finden … sowie eine ältere Frau mit einem – ja, was soll das eigentlich sein? Ein Pferd mit sehr viel Behang, aber nicht so richtig Kaltblut. Wahrscheinlich ein Hinterhofmix. Da fühlt sich Dressursusi gleich besser, denn Haifa hat wenigstens den eindeutigen Hannoveraner-Brand auf ihrer Schwabbelbacke.

»Macht euch mal warm, ich bau euch was auf«, befiehlt die Denise.

Eine winzige Lüge findet sich in dieser Aufforderung: Sie baut natürlich nicht selbst auf, sie lässt aufbauen. Von zwanzig Reitkinder-Sklaven, die ihr ständig nach dem Mund reden und alles für sie tun. Die Denise weiß nämlich, wie man sich beliebt macht.

Als ein Mini-Parcours mit drei Sprüngen und vier Cavalettis steht, darf es dann auch zeitnah losgehen.

Dressursusi ist unterdessen sehr unglücklich, denn sie findet Haifa doof. Die muckt, wenn man die Zügel so anknallt, wie sie das bei Wonderful Days Mon Amour immer tut. Komisch.

Nun, Haifa ist halt nicht ganz so eingelullt und außerdem schon alt genug, um selbst zu entscheiden, was sie scheiße findet und was nicht. Und Dressursusi findet sie richtig scheiße.

Die zwei Fünfzehnjährigen tuscheln.

»Ich bin voll neidisch, dass die Dressursusi Haifa hat. Die wäre ich viel lieber gesprungen«, hört unsere künftige Olympionikin eine von ihnen sagen.

Dabei sitzt sie auf einem relativ ansehnlichen Trakehner, der ganz ruhig Schritt geht. Nur ein bisschen übergroß ist der.

»Ja, der Gecko springt immer so überdreht«, pflichtet die andere bei.

Aha?

Man muss dazu wissen, Springtypen gibt es wie Sand am Meer. Es gibt Pferde, die können es einfach; es gibt Pferde, die können es irgendwie. Und dann gibt es Pferde, die können es nicht. Außerdem gibt es noch welche, die könnten, aber nicht wollen. Deswegen müssen wir uns jetzt erstmal mit den verschiedenen Springtypen im Stall beschäftigen. Es ist gut zu wissen, was man da eigentlich hat – schon um sich anzupassen. Denn nicht alle Springtypen lassen sich gleich gut reiten.

Der Routinier

Kann alles, weiß alles und macht auch alles. Egal wie unpassend der Reiter an den Sprung kommt, der Routinier rettet alles. Falls nicht, verfällt er in Depressionen und mag nicht mehr mitmachen. Er wechselt selbstständig, merkt sich den Parcours (ist aber verwirrt, wenn man diesen umstellt), und man muss ihm einfach die Hufe küssen.

Der Schluffer

Beine anziehen ist was für Blödis, der Schluffer hat nämlich Spaghetti statt Beinen. Und die wabbeln unkontrolliert mit ihm über den Sprung. Er schafft es sogar, statt der obenliegenden

Stange die untere runterzuschmeißen. Generell leidet er an nicht vorhandenem Körpergefühl, kann einen ganzen Parcours im Kreuzgalopp springen, und den springt er immerhin auch wirklich komplett. Nur eben nicht sonderlich gut.

Der Klotz

Dem Klotz ist alles scheißegal. Ob er über den Sprung kommt, ob da eine Stange fällt, ob er seinen Reiter verliert – wen interessiert das schon? Der Klotz ist ein Büffel, der mal parkt, mal nicht; er ist da unberechenbar und unbelehrbar. Er springt die unmöglichsten Dinge und hat dann keine Lust mehr auf eine einzelne Stange. Umspringen? Macht deine Muddah, aber doch nicht der Klotz.

Der Chihuahua auf Ecstasy

Der Chihuahua auf Ecstasy springt zuverlässig. Leider hält er sich für ein Rennpferd auf Abwegen und heizt einfach durch den Parcours. Der hat nur Lenkung, keine Bremse. Bremse gibt es erst, wenn der Parcours mindestens dreimal gesprungen wurde. Er hat nicht mal Zeit, sich vor auffälligen Hindernissen zu fürchten, denn die sieht er gar nicht. Weil er viel zu schnell ist.

Der Selektive

Der Selektive guckt sich vor der Runde einen Sprung aus, den er richtig blöd findet. Und den wird er nicht springen, selbst wenn sein Reiter ein Lamm opfert, Satan huldigt oder ihm eine Jungfrau darbringt. Er springt ihn nicht. Da könnt ihr euch auf den Kopf stellen!

Der Zögerliche

Der Zögerliche will ja, aber er traut sich nicht. Sprünge sind grässlich bunt und fies, und manchmal haben sie Wasser im Graben. Das kann ihm doch keiner wirklich antun wollen. Er versucht es ja, aber meist liegt er nachher irgendwo in Embryonalstellung in der Ecke und mag nicht mehr. Aber eigentlich macht er es recht gut. Wenn er denn mal vor lauter Zögern springt.

Der Moppel mit den kurzen Beinen
Er kann durchaus in einem Körper stecken, auf den diese Beschreibung nicht zutrifft, aber innerlich ist er trotzdem ein Moppel mit kurzen Beinen. Egal wie oft er es versucht, irgendwie schafft er immer Stangensalat. Beim Mikado würde jeder liebend gern mit ihm spielen, weil er da immer verlieren würde. Es funktioniert einfach nicht. Er weiß auch gar nicht so wirklich, was er auf dem Parcours soll.

Der Lass-mich-ich-will-das
Geht meist aus dem Altersstarrsinn des Routiniers hervor. Wenn die alt werden und noch mal springen sollen, dann möchten die Ruhe und keine störenden Kommandos vom Reiter. Entsprechend wird jede Einwirkung mit Verweigerung kommentiert, und es ist höchstens erlaubt, sich noch mal ein wenig schöner da obendrauf hinzusetzen. Ansonsten macht der Lass-mich-ich-will-das aber ganz einfach das, was er will, und wird sich davon nicht abbringen lassen.

Dressursusi weiß leider nicht, dass sie ein Beispiel der Kategorie »Lass-mich-ich-will-das« unterm Sattel hat. Deswegen ist Haifa auch bei den Mädels so beliebt: Die kann das, die macht das und bringt noch jeden sicher über den Reitabzeichen-Parcours.

Haifa kann das alles.

Dressursusi noch nicht – und sie ist die erste, die anreiten darf. Natürlich nur eine Reihe Cavalettis, sie soll ja erstmal die Bewegung kennenlernen.

Beim ersten Mal parkt Haifa. Beim zweiten Mal läuft sie vorbei, und da wird die Denise böse. Aber nicht mit der Stute, sondern mit Dressursusi. »Es ist kein Wunder, dass die nicht springt! Du ziehst da rum wie sonst was.«

Das verstört Dressursusi zutiefst. Wieso? Sonst darf sie immer rumziehen, und jetzt geht das nicht?

Denise ist nicht wirklich in Sorge um Haifa, die wird sich schon melden. Aber sie weiß, dass Mädchen wie Dressursusi ganz schnell die Flinte ins Korn werfen und dann natürlich auch die schönen Reitstundengelder flöten gehen. Ebenso wie Prüfungsgebühren usw. Das geht natürlich nicht. Wenn sie sich aber weiter mit Haifa anlegt, wird genau das passieren.

Es wird das erste Mal über die Cavalettis geholpert. Dressursusi sitzt auf dem Pferd wie der Hustinettenbär in Spaghettiform, aber sonst ist alles super.

Die mit dem Trakehner, dem Gecko, die hat mehr Probleme. Weil Gecko Cavalettis nicht versteht, der überspringt die mit spontanem Mächtigkeitsspringen, und das Teenie-Mädchen obendrauf kreischt wie ein Äffchen.

Haifa stört das nicht. Die hat nur Augen für den Parcours. Dressursusi ist aber plötzlich ein bisschen zufriedener mit der Stute. Gut, dass sie nicht auf dem Gecko sitzt, der ist total ätzend.

Die Frau mit dem komischen Fusselpferd macht ihre Trabarbeit aber gut. Das stört Dressursusi schon ein bisschen, denn wie jede waschechte Tussi wird sie gerne exklusiv gelobt. Alleine gelobt werden macht schön.

Dressursusi darf sich dann auch endlich an einem richtigen Sprung versuchen. Ein Kreuz! Huiuiui. Haifa ist hin und weg, die rast auf den Sprung zu, Dressursusi klammert, und die Stute parkt.

»Ich hab gesagt, du sollst da nur draufsitzen und lenken. Du darfst sie nicht stören«, versucht Denise nett zu sein. Kann sie aber nicht wirklich. »Du musst schön auf deinen Sitz achten, und alles andere macht das Pferd. Das ist ganz einfach nachher.«

Dressursusi findet gerade nichts einfach und hätte jetzt sehr gerne ihren Wonderful Days Mon Amour unterm Sattel. Der könnte das bestimmt schöner. Muss er ja auch, bei dem Preis.

Denise hofft, dass sie genau das nicht fordern wird. Denn sie hat mal selbst versucht, mit Wonderful Days Mon Amour zu springen, und ist damit im wahrsten Sinne des Wortes auf die Nase gefallen. Der Dressurcrack ist im Parcours überhaupt nicht zu kontrollieren und sollte definitiv nur von jemandem mit Selbstmordgedanken in Springprüfungen geritten werden.

Zum Glück schafft Dressursusi es aus Versehen, anständig zu sitzen und den Sprung mit Haifa zu meistern, sodass Denise sich genötigt sieht, schnell und überstürzt zu loben. »Mensch, suuuuuuper!« Das ist das höchste der Gefühle, gibt Dressursusi aber gleich das Lächeln zurück.

Springen? Kann sie!

Um weitere Eskalationen in die Negativskala zu vermeiden, sagt Denise: »Du kannst dann auch erstmal aufhören. Samstag ist die nächste Springstunde. Wenn du möchtest, machst du die auch mit, und dann kannst du schon zu den Fortgeschrittenen und dann im August dein Reitabzeichen machen.«

Das ist ja schon in zwei Monaten. Mit stolzgeschwellter Brust trabt Dressursusi von dannen und freut sich. In zwei Monaten ist sie schon Profi. *So* schnell durfte bestimmt noch niemand in die Prüfung.

Haifa wird abgesattelt und ein Selfie gemacht. Aber so, dass die Stute nicht ganz so scheiße aussieht, sonst laufen die *Instagram*-Follower schreiend davon. Keine hässlichen Sachen bei *Instagram*.

Auf dem Weg zur Box von Wonderful Days Mon Amour kommt die Chayenne ihr entgegen.

»Boah, voll super«, brüllt sie durch die ganze Stallgasse. »Ich hab eben dein Video gesehen. Der Wonderful Days Mon Amour geht so geil!«

Dressursusi freut sich, dass ihr Video so super aufgenommen wird, und umarmt ihre allerbeste Freundin for ever erstmal. Natürlich muss auch die Neuigkeit verkündet werden: »Ich mach mein Reitabzeichen. Ich war eben schon in der Springstunde.«

»Boah, voll cool«, quietscht die Chayenne. »Mit wem denn?«
»Mit der Haifa.«

»Ach, die ist voll toll, die macht das alles ganz alleine. Damit bestehst du auf jeden Fall, mit der ist noch niemand durchgefallen.«

Dressursusi erzählt also von den neuesten Entwicklungen ihres reiterlichen Könnens, während sie mit Chayenne zur Box von Wonderful Days Mon Amour geht.

Als sie davorstehen, ist aber irgendetwas komisch. Der steht mit dem Rücken zu ihnen und wackelt ganz komisch. Von einem Bein auf das andere. Immer und immer wieder.

Chayenne weiß die Lösung: »Der webt ja …«

Tja, liebe Dressursusi, Glückwunsch. Schon das erste Problem. Und das nach nicht mal zwei Wochen.

Jetzt hat Dressursusi den Salat. Das Pferd webt. Was das so richtig bedeutet, weiß sie gar nicht, doch wie die meisten Pferdemädchen ist sie viel zu faul, *Google* zu bedienen. Sie fragt lieber in einer Pferdegruppe um Rat.

»Hilfe, ich habe mir vor kurzem ein Pferd gekauft« – hier verlinkt sie ihre Seite, ein bisschen Werbung schadet ja nie – »und heute habe ich gesehen, dass er webt. Wie kann ich das unterbinden? Das ist ja sicher ungesund. Oder soll ich ihn zurückgeben? Er war sehr teuer. Er hat aber auch eine so tolle Abstammung und ist sonst echt super. Was soll ich machen?«

Sie wartet ein wenig, dann hat sie schon ganz viele Kommentare. Aber die lesen sich richtig unfreundlich.

»Wie hältst du ihn denn überhaupt?«

»In der Box.«

»Und kommt er raus?«

Dressursusi überlegt. Weiß sie doch nicht. Sie macht doch außer Reiten nichts im Stall. »Keine Ahnung. Das macht ja die Stallbesitzerin.«

»Du weißt nicht, ob dein Pferd rauskommt? Was bist du denn für eine arme Irre?«

Die Nächste schaltet sich ein: »Ja, gib das arme Pferd zurück. Du weißt ja scheinbar nicht mal, was so ein Pferd braucht.«

»Klar weiß ich das, ich habe ja einen Basispass.« Den hat sie mal als Kind in den Reiterferien gemacht, weswegen Dressursusi ja auch problemlos mit dem RAZ 5 starten darf.

»Aber du weißt nicht, ob dein Pferd rauskommt?«, fragen böse die stressigen Pferdemädchen in der Gruppe.

Trotzdem erntet Dressursusi heute zwei Likes und einen schlauen Tipp: »Du musst den nur mehr beschäftigen, dann hört der auf. Der hat Langeweile.«

Ah, das klingt doch super! *EB*äh auf und schnell ein paar Pferdespielzeuge bestellen. Dass vorhin gefragt wurde, ob dieses Pferd auf die Weide kommt, hat Dressursusi wieder vergessen. Ist doch auch nicht so wichtig.

Am nächsten Tag im Stall bestätigt ihr die Chayenne das auch. »Du kannst den ja nicht den ganzen Tag rausstellen, das ist doch kein Freizeitpferd. Das ist ein Sportpferd. Außerdem verletzt er sich nachher, und du kannst nicht mit ihm das Reitabzeichen machen. Das ist doch blöd.«

Leuchtet ein, wie Dressursusi findet, und deswegen ist das eigentlich auch egal.

Dafür wird Wonderful Days Mon Amour aus der Box gezogen und blitzeblank geputzt, die Hufe gefettet, und anschließend geht es raus, spazieren. Das hat sie nämlich im Internet gelesen. Spazieren ist in Ordnung und bietet Abwechslung. Und da kann der ja auch nicht losrennen.

Sie schnallt ihre beste Trense dran und zieht mit Chayenne ab, Richtung Wäldchen, wo Wonderful Days Mon Amour jetzt die Natur genießen muss.

Der möchte aber nicht. Also, ja, er möchte schon … aber eben ohne die Dressursusi, die wie ein Fähnchen im Wind an den Zügeln hängt und sich überlegt, wie sie dieses Pferd jetzt wieder beruhigen kann, denn Wonderful Days Mon Amour gebärdet sich wie wild.

Er steigt, springt umher und schüttelt unwillig mit dem Kopf.

Chayenne sagt: »Der ist aber geladen. Nächstes Mal sollten wir den sedieren.«

»Ja, meinst du?«

»Nachher tut der sich noch weh.«

»Hm«, macht Dressursusi. Eigentlich macht man das doch nur bei Pferden, die krank sind und nicht umherspringen dürfen. Aber Wonderful Days Mon Amour ist heute so doof, dass sie sich das ernsthaft überlegt. Sie sind kaum ein paar Meter vom Hof weg, und der fängt an, hysterisch zu wiehern und bewegt sich sowieso nur noch auf zwei Beinen. Dabei hat sie ihm doch die beste Trense angezogen. Und ein paar sehr schöne Bandagen in einer undefinierbaren Farbe, die manche als Klötenlachs bezeichnen könnten.

»Lass das doch mal!«, schimpft sie mit Wonderful Days Mon Amour und ruckt ihm im Maul.

Das findet der überhaupt nicht lustig, denn was Dressursusi nicht weiß: Der hat Probleme mit den Wolfszähnen. Aua, aua! Empört trötend schlägt er in Richtung Dressursusi aus, obwohl er normalerweise gar nicht so ist, und die lässt vor Schreck gleich los. Ihr geliebtes Seelenpferd hat sie angegriffen.

Wonderful Days Mon Amour ist auf und davon. Er rast in Richtung Wald und tritt dabei ab und zu auf den Zügel, was ihn in zusätzliche Panik versetzt, denn das tut auch wieder weh.

Erschrocken und perplex stehen Dressursusi und Chayenne da und wissen gar nicht mehr, was sie machen sollen. Jetzt ist er weg. Oh Gott, ist da hinten nicht die Autobahn?

Sie laufen beide planlos los. Chayenne ist wenigstens so geistesgegenwärtig, die Denise anzurufen.

»Hallo? Kannst du uns helfen? Uns ist der Wonderful Days Mon Amour abgehauen.«

»Wieso geht ihr denn auch alleine raus? Mann, seid ihr dämlich«, schnauzt Denise sie an und legt wieder auf.

Chayenne ist ein bisschen schockiert, und Dressursusi ist in Tränen aufgelöst. Wieso ist ihr Pferd so doof? Warum macht der so was? Sie hätten ein Dream-Team sein können, aber Wonderful Days Mon Amour ist nur blöd. Immer macht er irgendetwas falsch. Ab jetzt weht hier ein anderer Wind, sie wird künftig ganz streng mit ihm sein! Das hat sie sich jetzt fest vorgenommen, und der doofe Wallach wird nichts mehr zu lachen haben, das ist schon mal klar.

Beide sind außer Atem, als sie am Wald ankommen und endlich auch Wonderful Days Mon Amour wiedersehen. Der steht irgendwo zwischen den Bäumen und grast.

Allerdings sieht er es gar nicht ein, wieder mit zurück in den Stall zu kommen. Oder sich von den zwei aufgescheuchten Hühnern einfangen zu lassen.

Lachend trabt er davon, der Schlingel, während Dressursusi sieht, dass er einen doll fiesen Kratzer am Bein hat. Oh Gott … jetzt ist die Dressurkarriere vollends ruiniert. Was soll nur aus ihrem Crack werden? Nachher wird das eine Narbe. Wahrscheinlich ist eine Sehne durchtrennt. Oder das Bein ist gebrochen. Auch wenn Wonderful Days Mon Amour gerade wie eine Elfe zwischen den Bäumen umherschwebt und immer noch die zwei Hohlbirnen auslacht, die ihm hinterherlaufen. Aber er ist eben ein Dressurpferd, und die sind bekanntlich aus Zucker. Daher muss er sich auf jeden Fall etwas getan haben.

Heulend und schreiend rennen nun Dressursusi und Chayenne dem entlaufenen Wonderful Days Mon Amour hinterher. Sie haben ganz offensichtlich noch nie etwas von Körpersprache gehört, denn sie signalisieren dem Pferd erfolgreich: Lauf weg, wir sind böse.

Macht er dann auch … Er ist ja nicht blöd.

Ungefähr drei Stunden dauert es, dann hat die Denise den Flüchtigen einkassiert. Während Dressursusi mit Nervenzusammenbruch im Reiterstübchen behandelt wird. Die teure Trense ist hinüber, die Schramme blutet, und sie ist auf dem Boden der Wirklichkeit aufgeschlagen: Sie hat ein Problempferd. Bestimmt mit Trauma.

Liest man ja ständig im Internet drüber. Vielleicht hatte der es sehr schwer in seiner Kindheit? Nein – das kann nicht sein. Der ist ja von der Denise. Und die macht alles richtig.

Da Dressursusi gerade nicht in der Verfassung ist, ihr Pferd selbst zu betreuen, kümmert sich nun die Reitlehrerin um den verletzten Wonderful Days Mon Amour. Der kriegt ein bisschen Blauspray auf die Wunde und wird in die Box gepackt.

Dann stampft Denise nach oben ins Stübchen, wo unser Häuflein Elend sitzt.

»Was hast du dir denn dabei gedacht?«, schnauzt sie Dressursusi an. »Das ist ein Jungpferd, du kannst doch nicht mit dem einfach so ins Gelände gehen!«

»Ja, aber das machen doch alle anderen auch«, schnieft sie.

»Nee, die anderen gehen mit einem erfahrenen Pferd raus. Der war bisher zweimal im Gelände. Das habe ich dir beim Kauf auch gesagt. Das ist kein Spaßpferd, sondern ein Turnierpferd.«

Nun ist Dressursusi endgültig am Heulen. Denise ist fies, ihr Pferd ist fies, und die Chayenne ... Also, die macht bestimmt auch gleich was Fieses.

»Nächstes Mal seid ihr vorsichtiger. Das ist zwar dein Pferd, aber immer noch mein Hof!«

Und weg ist die Denise, während Dressursusi traurig zurückbleibt. Jetzt ist ihr Crack verletzt, und sie kann nicht trainieren. Ihr Reitabzeichen ist auch in Gefahr. Wie soll sie denn die Dressur nun bestehen?

Chayenne macht ihr Mut: »Das dauert bestimmt nur ein paar Tage. Du musst nur gucken, dass der keinen Einschuss bekommt, und dann ist es gut.«

Aber Dressursusi kann nicht warten. Sie will doch bald beim CHIO antreten. Eine Trainingspause ist indiskutabel.

Schließlich lässt sie sich von Chayenne bequatschen, nach Wonderful Days Mon Amour zu sehen. Allerdings ist sie dem so böse, dass er nicht mal ein paar Streicheleinheiten bekommt. Ist auch nicht schlimm, denn der ist beschäftigt. Mit Weben.

Trotz lustiger Bälle und einem Kuscheltier, das Chayenne für ihn ausrangiert hat.

»Ich geh dann mal reiten«, sagt ebendie und ist fort.

Dressursusi bleibt traurig vor der Box zurück und ist untröstlich. Wenn sie nämlich ehrlich ist, dann mag sie Wonderful Days Mon Amour nicht. Das ist ihr vorhin im Wald klargeworden. Nach so kurzer Zeit immerhin eine Erkenntnis. Kann man Pferde eigentlich umtauschen? Da ist sie sich nicht so ganz sicher. Aber wenn sie der Denise die Situation erklärt? Denn wer will schon ein so böses Pferd, das einfach abhaut statt einhornmäßig seine Besitzerin glücklich zu machen? Wie gerne hätte sie jetzt eins dieser Einhörner, die im Internet als Zaubermaus, Seelenpferd, Goldschatz usw. betitelt werden.

Was hat sie? Ein blödes Arschlochpferd mit lauter Problemen. Und teuer war das auch! Das hat gefälligst jetzt lieb zu sein.

Am Ende beschließt sie, es noch mal zu versuchen. Aus Prinzip! Nicht, weil sie ihr Pferd so gern hat. Sondern weil sie natürlich eine Reiterin von Welt ist und Denise mal gesagt hat, dass man jedes Pferd reiten können sollte.

Zuhause verkriecht Dressursusi sich zunächst in ihrem Zimmer. Was ihre Mutter übrigens gar nicht lustig findet, denn die hat ja bekanntlich erst vor kurzem sehr viel Geld für das ehrgeizige Töchterlein springen lassen und erwartet irgendwie mehr Dankbarkeit. Keinen trotzig stampfenden Elefanten, der alle Türen im Haus zuknallt, inklusive der Katzenklappe.

Dressursusi hat keine Zeit, Mutti zu danken (und derzeit auch keinen Grund). Sie möchte Antworten. Natürlich im Internet.

Sie informiert ihre Follower natürlich auch über die Tiefen. Damit man ihr hilft und anschließend zurückblicken kann, um zu sagen: »Ach, das hast du aber ganz toll gemeistert.« Für einen virtuellen Keks tut unsere Dressursusi nämlich alles. Das ist ihr Daseinszweck und -grund.

Also wird erstmal auf *Instagram* ein Bild von der Verletzung gepostet mit: »Warten auf den Tierarzt« und einem traurigen Smiley. Muss ja keiner wissen, dass der gar nicht da war. Aber die Intention ist ja auch, zu hören: »Oh Gott, was hat das arme Tier?«

#traurig #armespferd #ichbinzublödmeinpferdfestzuhalten.

Die Ursprungsfrage »Wieso ist mein Pferd so scheiße?« stellt sie in abgeschwächter Form in einer Pferdegruppe und schildert tränenreich ihr Erlebnis, markiert schnell Chayenne, betont noch, wie teuer Wonderful Days Mon Amour war und dass er einst Olympia erobern könnte, aber einfach nicht will.

»Der braucht auch Abwechslung. Es war ganz richtig von euch, spazieren zu gehen. Aber macht ihm lieber eine Hengstkette drauf, wenn er noch sehr wild ist. Dann könnt ihr besser führen.«

Super, Hengstkette wird schon bestellt. Muttern hat schließlich ihre Kreditkartendaten beim Reitsporthandel hinterlegt. Ein Klick, und prompt ist die Hengstkette auf dem Weg.

»Du musst ja auch erstmal Vertrauen aufbauen!«

Nöö, lieber die Hengstkette.

»Du könntest dir noch ein Pferd mitnehmen, damit er ruhiger ist.«

Gut, die Chayenne hat ja eins zur Verfügung, das, was sie bald kaufen will. Das muss künftig mit. Okay, das ist alt und langweilig, aber es ist immerhin da.

»Du könntest ihn ja auch vorher etwas arbeiten und dann rausgehen. Dann hat er nicht mehr so viel Power, und du hast erstmal deine Ruhe.«

Auch eine gute Idee. Sie könnte ja longieren. Vielleicht auch mit Hengstkette?

»Such dir bitte eine professionelle Trainerin, die an dem Problem mit dir arbeitet.«

»Hab ich doch schon.«

Pfff… sie hat doch schon mehrfach gesagt, dass die Denise bis S ausbildet und auch sonst weltberühmt in Hintertupfingen ist. Ja, die ist sogar mal bei den *Pferdeprofis* durchs Bild gelaufen. Wenn das nicht Fame ist, dann weiß Dressursusi auch nicht.

»Der muss gehorchen. Hast du mal eine Gerte mitgenommen, damit du dir Respekt verschaffen kannst?«

Nein. Schnell noch mal Kommando zurück und zur Bestellung eine Gerte hinzufügen. Dressursusi hat zwar welche, aber eine Geländegerte hat sie noch nicht. Worin die sich von einer normalen unterscheidet? Weiß nur die Gerte selbst.

Schließlich fühlt sie sich nach einem abschließenden kurzen Chat mit der Chayenne gewappnet für den nächsten Tag und hofft, dass sich jetzt alles zum Guten wendet. Schließlich hat sie doch bei *Facebook* gefragt.

Dressursusi hatte zwar gehofft, dass sie heute ihre Lektion in Sachen Dominanz endlich ausführen darf, doch Wonderful Days Mon Amour macht ihr einen Strich durch die Rechnung. Der Gaul streikt! Oder vielmehr sein Bein. Das ist über Nacht angeschwollen wie ein Tampon in Maxigröße. Jammernd steht Dressursusi davor und weiß sich nicht wirklich zu helfen.

Chayenne weiß aber Rat: »Ruf den Doktor Thielen an, der kommt und macht ihn wieder heile.«

Und wenn Wonderful Days Mon Amour den Gnadenschuss braucht? Nervös ruft Dressursusi beim Tierarzt an, und der fragt prompt komische Dinge. Temperatur? 25°? Ja, doch, ist recht warm heute.

Schweigen am Ende der Leitung. Dann: »Okay, ich komm vorbei, ich bin sowieso gerade in der Nähe.«

Bang wartet Dressursusi mit tatkräftiger Unterstützung von Chayenne auf den Tierarzt, der eine halbe Stunde später endlich ankommt.

Doktor Thielen ist übrigens einer vom ganz alten Schlag. »Wo hat der sich denn verletzt?«

»Ich war mit dem spazieren.«

»Ich denke, das ist ein Sportpferd?«

Dressursusi sagt nichts. Hat sie etwas falsch gemacht? Geht man mit Sportpferden nicht spazieren?

An dieser Stelle stellt sich natürlich die Frage: Was ist denn ein Sportpferd überhaupt?

Eine Spezies, die nur in Knisterfolie wohnt. Das Sportpferd ist vor allem eins: aus Zucker! Diese Pferde leiden nicht nur an akuter Unfalleritis. Widmen wir uns also mal denen, die ihr Dasein bei den ungekrönten Königinnen des Dorfturniers fristen. Die haben nämlich auch Sportpferde ... und was für welche!

Das, was Doktor Thielen zur Dressursusi sagt, scheint ein ungeschriebenes Gesetz zu sein. Das gemeine Sportpferd lebt in Watte, bekommt Pülverchen für alles, wird ständig gewienert und ist so steril wie ein OP-Raum. Die Box jetzt allerdings nicht so sehr … Der Kontrast ist schon deutlich, denn das Turnierpferd hat eine Turnierpüppchen-Besitzerin. Und die verliest zwar oft seinen Schweif mit der Hand, rührt in der Box aber keinen Finger, weshalb logischerweise das damit geschieht, was mit allen anderen Boxen im Stall auch passiert.

Rausgehen tun diese Sportpferde schon. Aber sie sehen dabei aus wie Michelin-Männchen und müssen mit einem scheintoten Weidepartner raus, sonst kommt die ängstliche Besitzerin angerast, über mindestens zwanzig rote Ampeln. Denn das Pferd ist getrabt! Auf der Weide! Ängstlich wird alles gecheckt, dann für die Zukunft beschlossen, dass das Tier nur noch ohne den gemeingefährlichen Weidepartner rausgeht, denn der hat es ja zum Traben animiert.

In der Halle brauchen Sportpferd und Besitzerin grundsätzlich sehr viel Platz, alle anderen müssen ausweichen. Und woran erkennen die den Sportpferdreiter? Nicht schwer. Er sagt es einem. Ungefragt.

»Gehst du mit raus?«

»Nein, ich muss noch üben.«

»Ach, komm, es ist so schönes Wetter, ich lasse die Stunde auch sausen.«

»Ja, du hast ja auch ein Freizeitpferd, aber ich habe ein *Sportpferd*.«

Oh … ja … Ähm … Keks?

Wer ein Sportpferd hat, der guckt nicht nach Freizeitpferden. Denn die werden ja nie ernsthaft geritten.

Sportpferde haben natürlich auch eine exquisite Abstammung, wie wir bereits wissen. Die wird uns ständig auf die Nase gebunden, denn wir könnten es ja glatt vergessen. Da wird mit Namen nur so um sich geschleudert.

»Meiner ist ja von Donnerhall …« Der findet sich dann wohl auch irgendwo im Pedigree, aber garantiert nicht als

Vater. Bei manchen ist Donnerhall wohl auch nur mal am Papier vorbeigelaufen. Reicht aber, um das mal zu erwähnen.

Sportpferde bekommen immerhin tierärztliche Betreuung – so viel zum Positiven bei den Dorftrottel-Sportpferdreitern. Der kommt dann aber auch wirklich für alles und jeden. Das Pferd hat einen abstehenden Schweif? Tierarzt. Das Pferd ist gestern einmal über eine unebene Bodenwelle gestolpert? Tierarzt! Dem Pferd tun die Haare weh? Tierarzt. Er kommt dauernd, und der gemeine Sportpferdreiter bezahlt das alles anstandslos. Oh, pardon, Mutti! Mutti bezahlt das anstandslos. Denn Mutti ist genauso besorgt um das Seelenheil des Sportpferds wie die Besitzerin, und sie mahnt ständig, dass auch ja alles gut eingepackt sein muss. Oder dass man vorsichtig sein soll, schließlich ist am Sonntag ja Turnier in Dummbrothausen.

Zur klassischen Ausrüstung des Sportpferds gehören natürlich Gamaschen, Bandagen und Hufglocken in den Trendfarben der Saison. So viel haben die Sportpferddorfreiter noch mit den Schibbi-Schabbi-Mädels gemeinsam.

Kritisch wird es beim restlichen Zeug. So ein Sportpferd hat mehr Lammfell an sich als ein Lamm im Originalzustand. Überall muss Fell hin, damit das Pferd sich nicht den Pöppes wundscheuert … oder irgendwelche anderen Stellen. Wir erinnern uns: Die sind ja aus Zucker. Alles ist ergonomisch und war drölfzig Euro teurer als die Normalversion. Und das wird einem auch unter die Nase gerieben. Die günstigen Sachen, obwohl die es oft genauso gut tun würden, die kauft man nicht. Die verträgt das Sportpferd nämlich nicht. Oder ist es am Ende die Reiterin, die auf No-Name-Produkte allergisch reagiert?

Da reiten sie dann also perfekt ausgestattet beim nächsten Turnier. Und zwar wieder der Schleife hinterher. Mit dem Pferd aus Zucker, das leider trotz aller Bemühungen, besonders sportlich zu sein, scheitert. Am Reiter. Der hat zwar 2.000 Reitstunden genommen, aber leider vergessen, dass so ein Wattepferd ja per se zum Angsthasen erzogen wird. Da kommt man dann manchmal nicht mal übers Grüßen hinaus. Schade aber auch.

Dressursusi hat es mit ihrem Wonderful Days Mon Amour also völlig falsch angefangen … zumindest, wenn es nach Doktor Thielen geht. Der misst Fieber, und der künftige Star des Dorflebens hat auch tatsächlich erhöhte Temperatur. Der Doktor verschreibt Medikamente und eine Salbe, drückt Dressursusi alles in die Hand und verkrümelt sich wieder. Nicht ohne letzte mahnende Worte: »So ein Sportpferd ist halt kein Freizeitgaul. Da musst du auch ein bisschen drauf achten.«

Dressursusi nickt nur hastig und sieht zu, wie Doktor Thielen vom Hof braust. Mist … alles falsch gemacht. Und die ganzen Sachen sind auch umsonst bestellt. Der geht definitiv nie wieder ins Gelände. Weder an der Hand noch unterm Sattel. Denn Wonderful Days Mon Amour ist ein Sportpferd. Nicht so wie die dummen Tinker und Haflinger, die sie immer in den Rapsfeldern stehen sieht.

Um sich weiterhin von diesen Leuten abzugrenzen, geht sie heute wieder in die Springstunde. Natürlich mit Haifa, auch wenn die hässlich ist und keine schöne Schibbi-Schabbi trägt.

Dressursusi tauscht die aber schnell. Damit nicht jeder sofort sieht, dass sie ein langweiliges Schulpferd reitet. Ist ja schon fast peinlich.

Aber Denise ruft sie nach dem Aufwärmen in die Mitte. Was kommt denn jetzt?

»Hör mal, das Reitabzeichen ist ja schon bald, und wenn der Wonderful Days Mon Amour ausfällt, brauchst du ein Leihpferd.«

Darüber hat Dressursusi nicht nachgedacht. »Aber krieg ich den bis dahin nicht fit?«

»Nee, das dauert ja schon 'ne Woche, bis du den wieder reiten darfst. Der kriegt doch Medikamente.«

»Ja, und wie soll ich das dann machen?« Sie kann das Reitabzeichen nicht verschieben. Schließlich hat sie Oma, Opa und ihrer gesamten Clique schon Bescheid gesagt, dass die alle kommen sollen, um Dressursusi reiten zu sehen.

»Ich könnte dir anbieten, dass du die Zora reitest.«

Zora, Zora … Jetzt muss sie überlegen. Gibt es ein solches Pferd in ihrem Stall? Doch, ja … *Die*? Die kann doch gar nichts. Und die schmeißt auch jeden in den Dreck. Nein, das geht ganz bestimmt nicht.

Denise scheint ihren Unmut zu bemerken, denn sie sagt schnell: »Du kannst die ja nach der Stunde mal ausprobieren. Sonst guck ich mal, welches Pferd du noch reiten könntest.«

Entsprechend geschockt reitet Dressursusi von dannen. Gut, dass sie auf Haifa sitzt, denn die macht ja eh alles von selbst. Somit beschränkt sich ihre Reiterin darauf, wie ein Reh im Scheinwerferlicht zu gucken und ab und an ihren Hintern über den Minisprüngen zu heben.

Denise hat in der Zwischenzeit Zora satteln lassen; sie hat ja bekanntlich dreihundert Reitkinder, die ihr jeden Wunsch von den Augen ablesen.

Mit zittrigen Knien steigt Dressursusi ab und findet sich Auge um Auge mit Zora wieder. Ein dunkelbraunes Monster, um das sich Sagen und Legenden ranken. Ein bösartiges Tier, das noch jeden in den Dreck gesetzt hat. Aber wenn sie mal läuft, dann kommt man auch durch jede Prüfung. Leider entscheidet Zora selbst, wann sie gut läuft und wann nicht. Und sie findet es auch nicht lustig, wenn jemand ihr undeutliche Hilfen gibt. Oder blöd sitzt. Oder blöd aussieht. Oder blöd guckt. So wie ihre neue Reiterin.

Denise hilft Dressursusi auf Zora und reicht ihr eine Gerte. Zur Meinungsverstärkung.

Ein mulmiges Gefühl beschleicht sie, aber sie versucht mal anzureiten. Zora versucht das zu verhindern, indem sie ein Bein hebt und nach dem Schenkel tritt. Blitzschnell und sehr gezielt. Sie kann zwar aus der Position Dressursusi nicht erwischen, aber es macht eindeutig Eindruck.

»Die geht nicht«, ruft Dressursusi hilflos.

»Dann mach mal was. Zügel kürzer, Gerte dran, dann geht die auch.«

Zora setzt sich holpernd in Bewegung. Vielleicht ist es Schritt, vielleicht ist es Schrab.

Eigentlich macht sie erst mit, als die Denise sich in die Bahn stellt und Zora böse Blicke zuwirft. Die beiden verstehen sich.

Dressursusi versteht Zora dafür gar nicht, denn im Gegensatz zur selbstlaufenden Haifa möchte ihr aktueller reitbarer Untersatz auch irgendwelche Ansagen. Keine Ansagen resultieren in pferdischen Eskapaden.

Als eine Abteilung gebildet wird wie beim Reitabzeichen, geht entsprechend schon der Aufmarsch schief.

»Wo stehst'n du?«, fragt Denise verwirrt, weil Dressursusi nun an der Bande parkt.

»Ich kann die nicht abwenden.«

»Hör mal, du bist doch kein Anfänger. Du hast ein teures Pferd und kannst das sonst auch reiten. Da wirst du ein Schulpferd doch wohl gerade noch abwenden können.«

Nein, kann Dressursusi nicht. Die ist sowieso jetzt im Alles-Scheiße-Modus und möchte eigentlich liebend gerne absteigen.

Rumpelnd dackelt Zora los und bequemt sich dann mal in die Grußaufstellung. Muss aber hinten anschließen, als die Abteilung lostrabt. Mag sie nicht. Mag sie *gar nicht*.

Dressursusi sitzt weiterhin passiv und überlegt, ob der Nagellack denn zur Schibbi-Schabbi passt, wobei sie nicht merkt, dass Zora sich gerade überlegt, die Veranstaltung mal zu sprengen.

Es kommt, wie es kommen muss. Die Stute rast mit einem Mal los, beißt das Vorderpferd in den Hintern, drängelt sich vorbei, als dieses bockend davonspringt, und quetscht sich neben das nächste Pferd an die Bande. Jetzt ist sie schon an Position drei.

»Stopp!«, brüllt Denise und würde am liebsten alle Reiterleute auf den Mond schießen. Was haben die denn nur wieder geraucht?

Es dauert eine ganze Weile, bis die Abteilung wieder beisammen ist und endlich einmal die Aufgabe hinter sich gebracht wird. Zora übrigens konsequent ohne Galoppteil. Kam halt keine Galopphilfe.

Denn Dressursusi fragt sich immer noch, ob der Nagellack zur Schibbi-Schabbi passt und was sie machen kann, damit niemand merkt, dass sie mit einem Schulpferd das Reitabzeichen bestreitet. Ist ja ultrapeinlich.

Weil Dressursusi Doktor Thielens Worten nur mit halbem Ohr gelauscht hat, ist sie sich am Abend, als sie ihren üblichen *Instagram*- und *Facebook*-Eintrag schreibt, gar nicht mehr so sicher, was Wonderful Days Mon Amour eigentlich hat. Daher fragt sie vorab in einer Reitergruppe, die kennen sich nämlich super aus. »Was hat das Pferd?«

Eine wichtige Frage, und dank unzähliger *Facebook*-Diskussionen weiß man alsbald, was dem Pferd fehlt, wenn es komisch guckt, ein Bein anwinkelt oder sich die Lippen leckt. *Facebook* weiß einfach immer, was mit dem Pferd nicht stimmt.

Dank untenstehender Liste braucht man nicht einmal mehr in Gruppen zu fragen. Versprochen!

Das Pferd guckt traurig
Schmerzgesicht!!11einself! Sieht man doch. Sofort den Tierarzt holen. Diese Augen! Kommt wahrscheinlich von der Turnierreiterei.

Das Pferd hebt auf dem gezeigten Foto ein Bein
Hüfte gebrochen, Hufrehe, absolute Entlastung. Notschlachten! Wer davon auch noch Fotos macht, ist krank!

Magerfotos
Durch das Sonnenlicht und die sportliche Figur ist auf diesem Bild tatsächlich so etwas wie eine Rippe zu erkennen – absolute Unterernährung! Füttert hier auch mal jemand was? Sofort Rübenschnitzel, Heucobs, Zahnarzt, Tierarzt, Tropf, Exitus.

Das Pferd steht nur so da

Völlig überbaut, stocklahm, der Sattel passt nicht, die Augen sind glasig. Auch wenn das Pferd einfach nur auf der Weide steht und guckt. Hat das überhaupt Muskulatur?

Das Pferd ist von hinten zu sehen

Der Schweif steht schief, die Wirbelsäule ist krumm, die Hüfte blockiert, Arthrose überall. Notschlachten.

Das Pferd hat ein Gebiss im Maul und gähnt

Zahnarzt holen, Profis auch. Das Gebiss passt doch gar nicht! Pferd wehrt sich, Sperrriemen ist zu eng … auch wenn gar keiner zu sehen ist.

Pferd mit Trense

Die passt nicht, das Gebiss ist auch voll scharf (völlig egal, was auf dem Foto zu sehen ist), und das Pferd hat schon Löcher in der Zunge von diesem bösartigen Gerät. Das ist auch viel zu klein. Und dann dieses Reithalfter! Tierquälerei.

Bild von Pferd mit Sattel

Der passt auch nicht. Die Muskeln sind schon völlig hinüber, der Rücken vergurkt, aber … Die Schibbi-Schabbi ist echt schön! Welche Kolli?

Pferd ist schief fotografiert

Schlaganfall, überbaut, Unterhals, Knochenbrüche; am Handy oder der Fotografin kann es nicht liegen. Das Pferd ist krank.

Ein Huf ist zu sehen

Schmied muss gelyncht werden. Huf zu eng, zu kurz, zu weiß-nicht-was; bestimmt stocklahm. Falls nicht: Grenzt an ein Wunder. Hat auf jeden Fall bald Hufkrebs, Rehe und alles, was es sonst noch so gibt.

Pferdenase auf Foto

Da ist doch Schnodder zu sehen! Nasenhygiene kommt auch zu kurz. Hat bestimmt Husten, natürlich chronisch. Oder Rotz. Oder Lepra.

Einzelnes Pferd auf Weide

Das Tier ist verhaltensgestört, hat keine Artgenossen und ist deswegen geisteskrank.

Pferd in einer Box

Kommt nie raus, ist absolut krank, hat sicherlich auch diverse gesundheitliche Probleme, webt, koppt und macht Spagat.

Pferd im Trab fotografiert

Durchtrittig! So was reitet ihr noch? Das Pferd braucht sofort einen Schamanen, einen Tierarzt und eigentlich eh nur noch sein Gnadenbrot. Das darf man nicht mehr reiten.

Pferd im Galopp fotografiert

Viel zu eng. Nicht taktklar. Was soll das überhaupt sein? Dressur?

Dressursusi hat Glück, sie lernt an diesem Abend: Ihr Wonderful Days Mon Amour hat ein dickes Bein. Ist also doch noch nicht schlachtreif. Na denn … Dann kann sie ja beruhigt ins Bett gehen, nachdem sie das Bild der Wunde mit einem feschen *Instagram*-Filter aufgehübscht hat.

Oder zumindest halbwegs beruhigt. Das mit Zora hat sie noch nicht verdaut. Aber sie traut sich nicht, jemanden nach Tipps zu fragen. Schließlich könnte jemand sie als inkompetent identifizieren, und davor schrecken Pferdebesitzer ja zurück wie der Teufel vor dem Weihwasser.

Entsprechend schwer fällt Dressursusi das Einschlafen. Es ist nicht mehr lange bis zum Abzeichen. Und die Theorie hat sie mit dem Arsch nicht angeguckt. Na denn: Halali!

Der große Tag im Dressursusi-Land ist angebrochen: Es ist Reitabzeichen-Tag. Gut, sie hat es nur zwei- oder dreimal überhaupt geschafft, Zora vom Galopp zu überzeugen, und das Springen könnte auch etwas schöner sein ... Und, ja ... Bücher sind langweilig und haben viel zu viele Buchstaben für den Durchschnittsreiter – aber es ist eben trotzdem Reitabzeichen-Tag.

Geschniegelt und gestriegelt erscheint Dressursusi mit Chayenne im Stall. Die hilft heute, denn die Arme muss ja gleich zwei Pferde fertig machen.

Nein, halt! Da ist noch Simone, die soll Haifa auch springen. Ist das denn legal? Davon hat Denise aber nichts gesagt.

Eifersüchtig (obwohl sie Haifa nach wie vor hässlich findet) zieht Dressursusi mit Chayenne ab zu Zora. Soll halt die blöde Simone Haifa fertig machen und einflechten. Kann ja nur hässlich werden.

Auf dem Weg begegnet sie Denise, die nicht minder aufgeregt ist als ihre Schüler. Denn sie bezweifelt sehr, dass ihre Worte und ihr Training auf fruchtbaren Boden gefallen sind. Eher auf Steinboden als auf Ackerland.

»Warum reitet denn Simone die Haifa auch?«, fragt Dressursusi empört.

»Weil ich keine dreihundert Springpferde im Stall hab«, versetzt Denise grob und geht weiter. Sie scheint aufgegeben zu haben.

Dressursusi ist sauer. Eine ehrliche Antwort ... Damit kann sie nicht umgehen.

»Weißt du was?«, raunt sie Chayenne zu. »Wenn ich mit dem Reitabzeichen fertig bin, frage ich Mama, ob wir umziehen können. Gehst du mit?«

»Ja, klar«, sagt Chayenne, weil sie immer dieselbe Meinung hat wie ihre Freundin.

Als die beiden bei Zora ankommen, ist die nicht begeistert. Die stören. Beim Schönheitsschlaf.

Chayenne holt Zora trotzdem aus der Box. Die angelegten Ohren, während die beiden am Pferd herumputzen, signalisieren bestimmt unbändige Freude.

Immerhin, heute stehen die Sterne wohl günstig. Zora hat gerade schlichtweg keine Lust, sich anzustrengen. Dressursusi setzt sich nach einer Weile hin; sie braucht ja ihre Kraft fürs Abzeichen. Und das Springen ist zuerst dran.

Chayenne ist zum Glück multitaskingfähig. Die flicht in Windeseile Zöpfe (etwas schief), fettet dem Monster die Hufe ein und bequatscht nebenbei noch ihre Freundin. Ein waschechter TT, wie er im Buche steht. Wie, ihr wisst nicht, wofür das steht?

Reiter haben zugegebenermaßen eine merkwürdige Sprache, und nicht nur Nichtreiter straucheln da manchmal. Auch geübte Reiter, die sich nicht im Internet bewegen, scheitern regelmäßig an den Begrifflichkeiten und Abkürzungen, die die Mitreiter benutzen. Zu Recht! Man muss ja wohl nicht alles abkürzen oder verniedlichen. Möchte man meinen.

Trotzdem nachstehend zur Erklärung und nur für euch: der Duden für Reiter! Damit ihr alles Wichtige auch versteht!

SB
Steht für Stallbesitzer. Okay, das ist noch logisch.

TA
Die Abkürzung für Tierarzt. Sogar auch noch normal!

TÄ
Zur Wahrung der Gleichheit und so gibt es auch eine eigene Abkürzung für die Tierärztin. Aus Gründen. Ansonsten ist Reitern Gleichberechtigung scheißegal. Es gibt schließlich auch keine SBin!

Schibbi-Schabbi/Schabbi/Schibbi
Warum sagt eigentlich keiner Decki? Bis man Schibbi-Schabbi auch nur fertig und korrekt ausgeschrieben hat, hätte man schon zehnmal Schabracke schreiben können. Wahrscheinlich *kann* das nur einfach keiner schreiben.

Hotta/Hoppi/Hü
Weil Pferd schwierig zu schreiben ist und die anderen Sachen ja auch viel kürzer sind. Was? Etwa nicht?

Po und Pö
Auch fürs Pony sind die Leute zu faul, und so klingt es ja gleich viel cooler. Bei Po hab ich persönlich ja trotzdem was anderes im Kopf.

BA
Bodenarbeit ist ein schrecklich langes Wort, das kann sich ja keiner merken. Und erst recht keiner schreiben. Deswegen kürzen wir es ab. Und so manch einer wundert sich, was British Airways eigentlich mit dem Pony zu tun hat.

LK
Ha, ihr meint, das heißt Leistungsklasse? Nix da, das heißt Longenkurs! Nach Babette Hastenichtgesehen. LK für Leistungsklasse … Wo kämen wir denn da hin?

S oder D
Es geht nicht um Körbchengrößen, es geht auch nicht um irgendwelche ominösen SM-Praktiken … Nein, mit diesen Abkürzungen klären Reiter gleich, was sie voneinander zu halten haben: Springen oder Dressur!

KZ
Das KZ im Grundriss ist ja schon immer verstörend … Nein? Na gut. Das meinen Reiter übrigens total wertfrei, es

geht doch nur um den Kappzaum. Was für eine beschissene Abkürzung.

TT

Der Turniertrottel. Ein Sklave für alles, ein Name wie ein Terminator – wahrscheinlich auch ein ebensolches Gemüt, denn anders hält man das Dasein als Turniertrottel bei manchen Reitern gar nicht aus.

CDLB

Klingt wie eine Krankheit, ist aber nur ein Deckhengst, nämlich der bereits in einem vorherigen Kapitel beschriebene Cor de la Bryere …

Kolli

Das ist ja ein niedliches Wort für Kolik … Oh, Moment. Es heißt nur Kollektion. Von der einschlägigen Nobelfirma natürlich.

THP

Ist das Sammelbecken für alle Begriffe, die die Leute nicht ausschreiben können. Osteopath ist aber auch ein sehr schwieriges Wort. Alles, was nicht Tierarzt ist, aber irgendwo am Pferd rumdoktert, ist also kurzerhand ein THP. Ein Tierheilpraktiker übrigens …

TK

Gefrorenes Pferd. Oder Tierkommunikatorin … Komischerweise wird dieses Wort nicht unisex verwendet. Es ist immer die Tierkommunikatorin.

Bandis

Da möchte man doch gleich auch ein bisschen Kotzi machen. Es sind Bandagen. Auch zu schwierig zu schreiben, ganz offensichtlich.

RZ

Bei Reitern steht das für Reitabzeichen. Ein schrecklich langes Wort, das alle scheuen, weil sie es wahrscheinlich nicht haben.

RB

Zu diesem Wort ist den Reitern tatsächlich noch keine weibliche Variante eingefallen. Reitbeteiligungin? Sollte man mal etablieren!

Chayenne ist jedenfalls ein super TT. Die labert ganz nebenher die Ängste von Dressursusi weg, hat auch noch einen Schokoriegel dabei und einen Prosecco, damit sie nachher anstoßen können. Dass Dressursusi besteht, ist natürlich absolut nebensächlich und ohnehin absehbar.

Zora allerdings überlegt immer noch, ob sie das nicht verhindern soll. Gottlob ist die langsam im Kopf.

Nach einer Weile steht Dressursusi auf und geht in den nächsten Stalltrakt, wo Simone Haifa vorbereitet. Die sieht plötzlich auch ganz nett aus mit all den Zöpfchen und der weißen Satteldecke.

»Ich reite aber zuerst«, begrüßt Dressursusi die Nebenbuhlerin.

Simone verdreht die Augen und denkt so etwas wie: »Pfff … davon wird es auch nicht besser.«

Doch sie sagt nur: »Wenn du möchtest. Du kannst sie dann ja schon mal warmreiten, ich bin fertig. Du musst ihr nur noch die Gamaschen anziehen.«

Schöne Gamaschen hat sie besorgt, mit hübschem Lammfell und in Weiß, damit es zur Schabracke passt.

Ja, Simone hat sich Mühe gegeben. Haifa ist allerdings auch schon seit drei Jahren ihre Reitbeteiligung. Und sie ist gar nicht begeistert, dass Dressursusi mit der rummauschelt.

Seufzend drückt Simone ihr die Zügel in die Hand und winkt noch mal zum Abschied, während die künftige S-Dressurreiterin aufsteigt und sich mit dem Schulpferd davonmacht. Natürlich mit Selfie auf dem Pferd.

Reitabzeichen-Tag! #Reitabzeichen #Reitersindvollcool #Scheißereitenabergutaussehen #Hässlichespferd!

Ab auf *Instagram* damit.

In der Halle tummeln sich schon die ersten Reiter beim Abreiten. Fünf Paare, die alle durcheinanderwuseln. Manche kennt Dressursusi, andere nicht. Zwei weitere Schulpferde sieht sie. Auch doppelt belegt, denn da stehen noch ein paar Turniermädels in entsprechenden Klamotten nebenan.

»Tür frei, bitte!«, kreischt Dressursusi und geht einfach rein. Schließlich kommt sie jetzt.

Wonderful Days Mon Amour ist mittlerweile übrigens vergessen. Die letzten zwei Tage war sie nicht mal an seiner Box und hat seine Wunde verarztet. Kann ja Denise machen, wofür kriegt die denn ihr Geld? Dass man ihr das vielleicht auch hätte sagen sollen … Ach, das ist Makulatur.

Gedankenverloren wärmt Dressursusi Haifa auf und merkt gar nicht, dass sie sämtliche Bahnregeln ignoriert.

»Hallo?!«, blafft plötzlich jemand sie von der Seite an. »Ich hatte ›Sprung frei‹ gesagt!«

Hat doch die Dressursusi nicht gehört. Mensch, wer kann denn auch auf alles achten?

Böse zieht die Frau mit dem Schimmel von dannen. Die trägt keine Turnierkleidung. Aber ein kleines Mädchen am Halleneingang tut es. Scheint Mutti zu sein, die ihr Turnierpferd warmreitet, damit das Kind demnächst auch die Schleifensammlung ergänzen kann.

Dressursusi okkupiert nun den Sprung. Nur damit die blöde Mutti mit dem Schimmel jetzt nicht springt. Haifa ist zwar noch nicht wirklich warm, aber der will sie eins auswischen.

»Sprung frei!«, trompetet sie und brettert los, dass den anderen Hören und Sehen vergeht. Findet Haifa ja prinzipiell gut. Ihre Muskeln und Sehnen jetzt nicht so, aber es hat ja niemand behauptet, dass Pferde sonderlich auf ihre Gesundheit achten.

Erst nach einigen Sprüngen lässt Dressursusi Haifa endlich in Ruhe. Die Schimmelreiterin steht an der Tür und motzt.

Irgendwas von egoistischen Teenagern oder so. Damit kann schon mal nicht Dressursusi gemeint sein, die ist nämlich erwachsen. Sie darf ihren Prosecco selbst kaufen und Auto fahren. Muttis BMW zum Beispiel.

Denise' Stimme fährt dazwischen: »Frau Schmitt, ich kann das wirklich verstehen. Es tut mir auch leid, manchen gehen halt vor dem Reitabzeichen die Nerven durch.«

Bestimmt meint Denise das Mädchen mit dem nervösen Norweger, der steigt da gerade in der Ecke herum. Oder ist das eine Levade?

Denise kommt nicht dazu, dieses Missverständnis zu klären, denn es klingelt – der Parcours steht, es ist schönes Wetter, raus mit euch auf den Springplatz.

Allerdings ist zuerst die mit dem nervösen Norweger dran und verschwindet schnell nach draußen.

Simone kommt dazu. Die ist wahrscheinlich als Letzte dran, denn die heißt Zeppelin mit Nachnamen.

»Bist du schon fertig?«, fragt sie.

»Natürlich!«, antwortet Dressursusi hochnäsig. Was ist denn das schon wieder für eine unterschwellig blöde Frage? Sie weiß, wie man das macht!

Chayenne kommt auch dazu. Zora hat sie noch mal in der Box zwischengeparkt. »Du schaffst das!«, feuert sie liebevoll Dressursusi an. Dass die nicht noch ein Plakat hält und Kuscheltiere wirft, ist aber auch alles.

Draußen hört man das nicht sonderlich zahlreiche Publikum applaudieren. Die mit dem nervösen Norweger ist wohl gerade eingeritten. Schadenfroh denkt sich Dressursusi: Na, ob die wohl nachher noch klatschen?

Ein paar Minuten später tun sie es tatsächlich. Wieder die Klingel, und weiter geht es. Eine andere Schülerin von Denise auf einem Privatpferd vom Stall. Die Reitlehrerin geht mit und hält Händchen.

Unterdessen hat die Schimmelreiterin mit ihrer Tochter getauscht und drillt diese noch ein bisschen. Ganz wie eine waschechte Eislaufmutti, nur eben ohne Eis. Obwohl, Chayenne hat sich ein Wassereis gekauft. Dann eben doch mit.

Die mit dem nervösen Norweger kommt zurück und sieht zufrieden aus. Ihr Pony übrigens auch.

Dressursusi plauscht im Stand munter mit Chayenne, während Simone stumm sauer ist. Kann die blöde Kuh nicht wenigstens Schritt reiten? Warmstehen gibt es schließlich nicht.

Aber keine Zeit, um sich aufzuregen. Denn jetzt wird Dressursusi rausgerufen. Von Denise ist nichts zu sehen. Aber die mit dem Privatpferd kommt ihr entgegen. Auch sie strahlt. »War total einfach«, ruft sie Dressursusi zu.

Draußen wartet der Parcours mit den Richtern in der Mitte. Muttern Dressursusi und Opa sind auch schon da, die filmen. Und die Chayenne filmt auch, für *Instagram*.

#ichsitzenurdrauf #diefrisursitzt #reitabzeichenyolo

Wie zu erwarten war: Haifa macht alles, Dressursusi nichts. Dooferweise merken das auch die Richter, denn die tuscheln plötzlich ganz fies. Komisch ... Dressursusi denkt sich aber nichts dabei, die gibt Haifa prompt bei Simone ab und möchte von nun an auch nicht mehr mit dem hässlichen Schulpferd gesehen werden.

Dafür muss sie aber noch eine Dressur mit Zora durchstehen, und ob die Stute darauf Lust hat, steht in den Sternen.

Artig dackelt Chayenne hinterher. Die ist heute Zora-Beauftragte und hat sie nicht nur eingeflochten, sondern auch gestriegelt, bis die Schwarte kracht. Sie sieht sogar eigentlich ganz schick aus. Chayenne hat sich wirklich Mühe gegeben.

Bis zur Dressur ist noch Zeit, ein paar coole Bilder für die sozialen Medien zu machen, sodass Dressursusi sich in Positur wirft. Aber irgendwie möchte sie ja auch ein Portraitfoto haben, weil Pferdefotos generell ja immer so viele Likes kassieren. Sieht aber doof aus, wenn man das Pferd am Zügel hält. Und die anderen Leute, die hin und her eilen, die gucken auch so doof.

Ach, dann lassen wir das Tier doch einfach mal los. Und prompt wird ein unschönes Déjà-vu aus der Szene.

Zora denkt sich vermutlich:

#fickteuchweg #Freiheit #yolo und #Weideistcooleralsrei-tabzeichen

Trötend rennt sie weg, während Dressursusi und Chayenne sich am Hintern kratzen und dumm hinterhergucken. Müssen *wir* die jetzt etwa einfangen? Deniiiiiiiise? Die kommt aber einfach nicht. Denn sie hat noch gefühlt dreihundert andere Zöglinge im Parcours und null Bock, den zwei Aushilfsdressurreitern schon wieder den Arsch nachzutragen.

Halbherzig suchen die beiden (mehr am Handy, weil die Fotos so cool geworden sind) nach Zora, bis eine Einstellerin das widerspenstige Pferd zurückbringt.

»Ist die von euch?«, fragt die misstrauisch.

»Äh … ja. Danke.« Immerhin sagt sie mal »Danke«, das verzogene Gör.

Seufzend gibt die Einstellerin das Trampelpferd ab, und Chayenne sieht es als Erste: »Die blutet ja.«

»Hm …«, macht Dressursusi. Was macht man da denn jetzt? Sie hat doch gleich Dressur. Einfach Pflaster drauf?

Rettend kommt gerade Denise um die Ecke – in Begleitung von Simone. Und natürlich Haifa. Die wird über den grünen Klee gelobt, weil sie sich, wie immer, vorbildlich verhalten hat.

»Denise«, ruft Chayenne, während Dressursusi gar nichts sagen möchte.

Denise ist allerdings genervt. »Was denn?«

»Die Zora ist verletzt.«

Die Stallbetreiberin kommt angesprintet und guckt sich das Dilemma an. Das muss auf jeden Fall genäht werden.

»Ja, das kannste vergessen. Wo hat die sich denn verletzt?«

»Die ist uns weggelaufen«, sagt Dressursusi kleinlaut.

»Wo wart ihr denn bitte mit der?«

»Nur hier.«

Naseweis sagt aber die fiese Einstellerin, die Zora vorhin eingesammelt hat: »Die haben die ohne alles auf dem Hof stehen lassen.«

Boah, was für eine blöde Petze.

Denise sagt gar nichts. »Ja, dann nimm noch mal Haifa, dann hast du jetzt Pech gehabt. Die ist in der Dressur nicht ohne, die mag keine Abteilung.«

»Ja, aber schaffe ich das dann überhaupt?«, jammert Dressursusi.

»Da bist du selber schuld!«, faucht Denise, plötzlich wirklich ungehalten. »Jeder hier im Stall weiß, dass die wegläuft! Man hält ein Pferd sowieso *immer* fest. So schwer ist das doch nicht. Das können sogar die Kleinkinder in den Anfängerstunden!«

Wütend nimmt sie Simone die Zügel aus der Hand und gibt sie an Dressursusi weiter. »Nächstes Mal kriegst du kein Leihpferd mehr.«

»Nächstes Mal brauch ich auch kein Leihpferd mehr«, sagt hochnäsig die Dressursusi.

Sie und ihre Freundin verkrümeln sich, während man Denise' Schimpftirade noch bis zur Halle hören kann: »Undankbare Gören! Die kriegt mein bestes Lehrpferd und macht nur Blödsinn damit!«

Simone versucht zu beschwichtigen, aber sie muss jetzt auch zu ihrem Leihpferd.

In der Halle steigt Dressursusi wieder auf, aber sie ist total wütend. Auf die Scheiß-Denise! Wie kann die nur so blöd zu ihr sein? Dass die Zora nicht stehen bleibt, ist die schlechte Erziehung der Besitzerin und schon mal gar nicht ihr Problem!

Mittlerweile sind alle mit dem Springen durch, und die Richter trudeln in der Halle ein. Dressursusi ist in der ersten Abteilung und hat jetzt Haifa statt Zora. Ob das gut geht, weiß keiner. Aber Chayenne macht fleißig Fotos. Die kann das.

Leider mogelt sich die wie aus dem Nichts eintreffende Simone an die Tete. Mit dem komischen Kondor, einem unförmigen uralten Wallach, der herzensgut alle Anfänger durchs Reitabzeichen bringt. Nur mag der nicht hinten gehen. Deswegen hat Denise befohlen, dass der vorne geht.

»Hallo? Ich muss nach vorne«, sagt Dressursusi keck.

»Pech!«, antwortet Simone eisig. »Eben wolltest du unbedingt vorher reiten, jetzt bin ich dran.« Selbst die sonst sehr geduldige Simone hat mittlerweile die Faxen dicke.

Auch ihre Mitreiter sind irgendwie nicht so gut auf Dressursusi zu sprechen.

Da ist noch Jenny mit dem Punktepony Peter, außerdem Tamara mit ihrem eigenen Pferd. Ach, was gäbe Dressursusi jetzt für ihren großartigen Wonderful Days Mon Amour … Den hätte sie jetzt so gerne unterm Sattel. Nicht das verkappte Springpferd, das aus Unmut jetzt schon mal Pass geht statt Schritt.

Alle nehmen die Grußaufstellung ein, nur Dressursusi nicht, denn Haifa findet Stehenbleiben doof und für Anfänger.

Als die Abteilung antrabt, klebt Haifa an Kondors Hintern. Quasi mit der Nase im Schweif.

Dressursusi zieht und zieht, und sie trabt auf gar keinem Fuß leicht, weil sie nur zieht. So hat sie es doch beigebracht bekommen. Glaubt sie jedenfalls. Das führt leider nur dazu, dass Haifa sich aufs Gebiss legt und Kondor fast die Hacken abläuft.

Als die Abteilung angaloppiert, kennt Haifa kein Halten mehr. Sie zieht an Kondor vorbei, das Punktepony Peter geht hinterher, und gemeinsam zeigen sie den schönsten Brummkreisel der Welt.

Dressursusi kann nichts dagegen machen. Ihr kommen die Tränen, während Haifa kleine Kringel rast, dann spontan ein Einsehen hat und abrupt anhält, um sich wieder einzureihen, während Kondor und das Privatpferd brav ihre Runde galoppieren. Hinter ihr schimpft Jenny mit Punktepony Peter.

Handwechsel, Zirkel, noch ein Galopp. Hierbei darf Dressursusi wenigstens halbwegs anständig auf Haifa sitzen, die diesmal dem Privatpferd in den Hintern kriecht. Dressursusis Hände sind schon wund und tun doll weh.

Sie hat nur Glück, dass das Privatpferd so ausladend nach innen galoppiert, dass Haifa sich nicht wieder vorbeimogeln kann. Als sie sich dann mal kurz gerade hinsetzt und keinen Buckel mehr macht, sieht das sogar fast aus wie reiten. Wenn ein Blinder hinschaut. Der schwerhörig ist … und taubstumm.

Als es zum Abschluss noch mal in die Aufstellung geht, kollidiert Haifa fast mit dem Richtertisch, weil sie von Anhalten nach wie vor nichts hält.

Gruß und Kuss und Schluss. Nichts wie weg. Dressursusi steigt sofort ab und ist stinkwütend auf das blöde Tier. Wenn sie jetzt nicht bestanden hat, dann ist das alles nur Haifas Schuld. Diese doofe Ziege.

Denise wartet erstaunlicherweise an der Tür und nimmt ihr kommentarlos die Stute ab, um sie an ein Pflegemädchen weiterzureichen.

»Wir sprechen darüber noch mal«, kündigt sie mit bösem Blick an und wendet sich von Dressursusi ab, die nun zu ihrer Theorie darf. Dank Chayenne und modernster Handytechnik ist wenigstens die kein Problem …

Nur die Notenverkündung wird zu einem. Hat Dressursusi in der Dressur doch glatt nur eine 5,4 bekommen! Und die ist noch großzügig, weil die Richter scheinbar nebenher Fußball geguckt haben. Oder ins Koma gefallen sind.

Die Note ist *nicht* treffend, findet Dressursusi. Einfach nur unverschämt, sagt auch die Chayenne. Vor allem, weil die blöde Simone eine 7,0 hat.

Die Reitabzeichen-Urkunde verschwindet jedenfalls schnell in Dressursusis Marken-Handtasche. Niemand wird die je zu sehen bekommen.

Nachdem Dressursusi sich dann trotzdem auf die Schulter klopft (bestanden ist gut und gut ist 'ne Zwei!), will sie eigentlich auch nach Hause und mit einem Hugo auf ihr bestandenes Reitabzeichen anstoßen.

Aber auf dem Parkplatz fängt Denise sie ab: »Bleib ma' hier.«

Chayenne will sich dazugesellen, wird aber von Denise ignoriert.

»Hör mal«, fängt die Stallbetreiberin an. »Das geht so nicht, wie du das machst. Zora hat sich wegen deiner Fahrlässigkeit verletzt, während ihr da dumm herumstandet und Selfies gemacht habt. Ich bin das absolut leid. Du machst mir hier die Reiter wuschig mit deinem blöden Getue. Ich sag's dir jetzt ein letztes Mal! Das ist nicht selbstverständlich, dass ich dir hier die Pferde in den Hintern schiebe, damit du dein Reitabzeichen bestehst. Andere Leute hätten dich einfach dumm da stehengelassen. Und dann hör ich noch, dass du mir hier die anderen Leute blöd anpampst. Die Simone hat sich schon beschwert, und die Gastreiter auch! Echt, wenn ich euch hier noch mal Selfies oder so eine Scheiße machen sehe, fliegst du raus. Ja, das gilt auch für dich, Chayenne. Ihr habt dem Pferd die nötige Aufmerksamkeit zu schenken. Kein Wunder, dass euch der Fuchs abgehauen ist. Bestimmt wegen genau *so* einer Scheiße!«

Empört will Dressursusi etwas erwidern, aber Denise ist noch nicht fertig. »Schnauze jetzt! Ich will kein Wort mehr dazu hören! Sei froh, dass ich dir den Tierarzt nicht in Rechnung stelle, den ich gerade für Zora bestellen muss. Nur wegen deiner beknackten Selfies!«

Schon am Abend nach dem Reitabzeichen liegt Dressursusi ihrer Mutter plärrend in den Ohren. Natürlich mit ihrer Variante der Geschichte: Denise gibt ihr nur Scheißpferde, mit der Olympiakarriere wird das so nichts, sie will sofort umziehen. Wonderful Days Mon Amour geht es ja bei der bösen Denise auch so schlecht. Der ist immer nur verletzt, bestimmt auch wegen der gemeinen Stallbesitzerin. Schließlich gibt die Mutter entnervt auf und sagt dem Töchterlein: »Dann such endlich einen neuen Stall!«

Gesagt, getan. Beim Hugo-Frühstück mit der Chayenne, die offenbar nicht arbeiten geht, obwohl sie es ihren Eltern versprochen hat, gilt dem Blick ins Internet das Hauptaugenmerk. Und da gibt es einiges Vielversprechendes zu sehen.

Servicedienstleister rund ums Pferd scheinen manchmal einem ganz eigenen geheimen Leitfaden zu folgen. Wirkt zumindest so, wenn wir uns ihre Kleinanzeigen ansehen und anschließend die Wahrheit. Denn mit der haben es ja viele nicht so. Heute gucken wir uns mal an, was manche meinen, wenn sie diese ominösen Codes veröffentlichen.

Betreuter Weidegang	Alle paar Stunden kommt einer mit einem Stock und piekst nach, ob die Pferde noch zucken.
Täglicher Koppelgang	Nur nicht sonntags. Und auch nicht dienstags. Ach, und mittwochs, da kommt der Schmied. Freitags geht auch nicht. Aber sonst immer.
Heu ad libitum	Außer, wenn's leer ist. Dann ist's halt leer.

Gegen Mitarbeit ...	Mitarbeit bedeutet, dass man das eigene Pferd als Schulpferd mitgehen lassen muss, außerdem einen ganzen Offenstall alleine ausmistet und Wasser schleppt.
Naturbelassener Stall	Matschloch mit Pfützen zum draus Trinken.
Tägliche Fütterung	WAS DENN SONST? NICHT TÄGLICH?
Reitlehrer kann mitgebracht werden	Reitlehrer darf auf gar keinen Fall mitgebracht werden, bevor der vom Stallbesitzer indoktriniert wurde.
TK und Heilpraktikerin vor Ort	Tanzende Schamanen in der Stallgasse.
Kleine nette Stallgemeinschaft	Die bitte auch unter sich bleiben möchte und alle Uneingeweihten doof findet. Ansonsten: schamanische Kultisten, die nachts Naturgeister anbeten. Es darf mitgemacht werden, aber nur nach Aufnahmeritus.
Remonten-Ausbildung vom Profi	Im Stall gibt es Reitkinder, die sich auf alles draufsetzen.
Professioneller Beritt	Reiter nimmt die Kippe aus dem Maul, wenn die Besitzer sich ankündigen und er grad auf deren Pferd rumjückelt.

Schul- und Verkaufsstall	Wir verkaufen drollige Ponys zu überhöhten Preisen an Eltern von verliebten Schulpferdereitern.
Misten inklusive	Draufstreuen gilt als Misten.
Professioneller Reitunterricht bis zur Kategorie S	Hat zwar nie jemand gesehen, geschweige denn bekommen, aber ja: bis S!
Ganzjährig Auslauf	Sofern der Besitzer dafür sorgt.
Weiden für Rehe-Pferde sind gegeben	Wir haben ein Matschloch und kein Heu. Da fühlt sich jedes Rehe-Pferd wohl.
Arbeit wird geteilt	Arbeit macht der Neuankömmling.
Naturbelassenes Futter	Pellets. Aus Pappe … Aber es gibt Gras auf der Weide. Gras ist doch Natur!
Warteliste	Klingt cool, haben wir aber gar nicht.
Beritt und Anreiten nach Vereinbarung	Wer gerade da ist, wird aufs Pferd geschmissen. Maximale Qualifikation: Praktikant.
Reiterstübchen, Solarium und Führmaschine	Sind geplant, kommen irgendwann. Oder sind kurzfristig geschlossen. Wirklich kurz. Nur so die nächsten 20 Jahre …

Was Dressursusi und Chayenne da alles finden, ist nicht mehr normal. Das ist ja beinahe schon erschreckend, was sich alles Stall schimpfen darf. So finden sie zum Beispiel eine liebevoll geführte Müllkippe mit dicken Haflingern und einer Badewanne voller Altpapier, wo es heißt:

»Offenstallplatz frei. Tolle Gemeinschaft. Anfallende Arbeiten werden geteilt. Paradies für Pferde. 017X-XXXX – Call Schaninn.«

»Bäh«, macht Dressursusi. »Ich möchte nicht in einem Offenstall sein. Die sind ja alle so dreckig.«

Chayenne pflichtet ihr schnell bei. Aber vielleicht weiß *Facebook* ja Rat?

Dressursusi postet ihre Suche rasch in irgendeine Gruppe fürs Umland. Irgendwer wird sich doch hier auskennen und einen super Dressurstall empfehlen können?

Die Antwort lässt nicht lange auf sich warten. »Ich kenn da was. Bei Müllers ist noch eine Box frei, da ist ein Pferd verstorben. Sonst haben die ewig Warteliste, aber da könntest du sofort einziehen. Das ist ein Top-Dressurstall«, schreibt Ponynase Huber. Na, das klingt doch seriös.

»Hast du eine Telefonnummer für mich?«, fragt Dressursusi.

»Ja, klar«, schreibt Ponynase und nennt schnell die Nummer.

»Mamaaaaaaaaaaaaaaaaaaaaa!«, brüllt daraufhin die künftige Olympionikin. »Ruf da an!«

Muttern fällt zwar fast der Prosecco aus der Hand, aber sie tut wie geheißen. Hauptsache, das Gör hält endlich den Schnabel, sie verpasst nämlich sonst die Hälfte von ihrer Telenovela.

Unterdessen googelt Chayenne mal den Reitstall Müller. Klingt ja alles super. Paddockboxen wie bei Denise, aber super Unterricht, denn Herr Müller war früher im Kader der deutschen Mannschaft. Und auch sonst gibt es da nur exquisite Dressurpferde, denn die Erfolge haben sogar eine eigene Rubrik.

Da knallt prompt bei Dressursusi eine Sicherung durch. Sie sieht bald ihren eigenen Namen auf der Homepage, wo sie mit Gratulationsworten aus der grauen Masse hervorgehoben wird. Denn jetzt kann sie ja endlich auch in höheren Klassen starten. Das heißt – natürlich nur, wenn der Herr Müller ihr entsprechend Unterricht gibt und der blöde Wonderful Days Mon Amour endlich gesund wird. Krank ist der immer noch, das Bein ist ja schließlich dick.

Ihre Mutter kommt die Treppe hoch und winkt mit dem Telefon. »Ich habe mit dem Herrn Müller gesprochen, ihr könnt nachher hinfahren und euch das angucken. Aber du kümmerst dich bitte selbst um den Transport. Ich möchte das Auto nachher nicht schmutzig haben. Und zum Hänger fahren ist der neue SUV auch zu schade.« Sie will schließlich noch damit in die Stadt. Dreckig sind nur arme Leute. Und Reiter.

Am Nachmittag machen Dressursusi und Chayenne ihren Abstecher zu Müllers. Eine gepflegte Anlage mit verdächtig wenig Wiesen und noch weniger Pferden auf der Weide. Herr Müller holt die beiden schon am schön gestrichenen Tor ab und erklärt: »Wir haben ja hier nur Turnierpferde, keine Wald- und Wiesenmixe. Die muss man nicht die ganze Zeit draußen stehen haben.«

Wer könnte das besser verstehen als unsere Dressursusi? Die nickt auch huldvoll und stapft dann hinter Herrn Müller her, der eine vergitterte schicke Boxengasse mit glitzernden Boxentüren präsentiert. Außerdem ist der Waschplatz marmoriert. An den Wänden zumindest.

»Und, was reitest du?«, fragt er freundlich.

Oh, das wird jetzt kritisch. Noch reitet Dressursusi bekanntlich gar nichts.

»Ich habe mir vor kurzem ein Nachwuchspferd gekauft. Wir steigen bald in der A-Dressur ein.«

Herr Müller nickt kurz und scheint sich damit zumindest gebührend beeindruckt zu geben.

Klingt schon mal nicht nach totaler Nulpe.

»Kann ich denn dann auch bei Ihnen Unterricht nehmen?«,

fragt Dressursusi ehrfurchtsvoll. Immerhin war der Mann mal im Kader.

»Bei mir, meiner Frau oder meiner Tochter. Das ist ein Familienbetrieb.« Er deutet nach rechts auf eine Box. Dahinter ist der Ausgang zum Paddock.

»Das wäre dann deine Box. Du hast auch nette Nachbarn. Da steht eine junge Weltmeyer-Stute neben dir und auf der anderen Seite ein Donnerhall-Nachkomme.«

Anschließend zeigt er Dressursusi noch Halle, Führmaschine, Platz und Roundpen. Die Weiden guckt sie sich erst gar nicht mehr an, und eigentlich ist sie eh nicht ganz bei der Sache. Sie malt sich immer noch aus, wie Herr Müller ihre künftigen Siege anpreisen wird.

»Die großartige Dressursusi mit ihrem talentierten Nachwuchspferd Wonderful Days Mon Amour hat auch heute wieder die A-Dressur in Hintertupfingen gewonnen. Wir gratulieren dem Siegerpaar und freuen uns, sie bald in der Klasse L zu sehen.«

Hach, das klingt super. Diesen Artikel würde sie jedem vorlesen. Ach was, den würde sie sich sogar ausdrucken. So eine Webseite ist ja fast wie eine Zeitung. Apropos Zeitung: Als sie das Stübchen betritt, stellt sie fest, dass Herr Müller diverse Zeitungsartikel an die Wand geheftet hat, die etwas mit seinem Stall zu tun haben. Eine richtige Hall of Fame. Manche mit Foto und Schleife. Wie gerne würde sie dort hängen, im Sportpferde-Olymp, zusammen mit den anderen reitenden Göttern der lokalen Dressurszene.

Herrn Müllers Geblubber interessiert sie nicht. Sie hat nur einen Wunsch: ebenfalls hier zu hängen, koste es, was es wolle.

Gesagt, getan. Schon am nächsten Tag wird der lahme Wonderful Days Mon Amour aufgeladen, und die schockierte Denise muss zusehen, wie ihr kleiner Goldesel davonzieht. Verdammt, der hätte man noch viel mehr verkaufen können. Aber strenggenommen hat sie dafür wirklich keinerlei Nerven mehr. Dressursusi ist die anstrengendste und nervigste Kundin, die sie je gehabt hat. Außerdem hat Denise ja durch den Verkauf von Wonderful Days Mon Amour genug verdient. Er tut ihr allerdings schon ein bisschen leid.

Dressursusi ist außerdem mehr als frostig. Ihre alten Freundinnen, die sind Luft für sie. Die blöde Reitbeteiligung von Haifa wird auch nicht mehr gegrüßt, wohl aber ihre schicken Lammfellgamaschen mitgenommen, denn die lagen noch in ihrem Putzkoffer. Soll die halt ihren Scheiß besser wegräumen.

Ob die Gerte wirklich ihr gehört, weiß sie auch nicht. Einfach rein damit. Zum Schluss wird Wonderful Days Mon Amour schon der Vorsicht halber sediert und aufgeladen. Das Pferdetaxi von Arschnasenhausen nimmt ihn heute mit.

Denise schaut dem Treiben wortlos zu und verlässt irgendwann den Parkplatz. Schulterzuckend macht sie sich auf den Weg zum Stübchen. Sie hat noch so viele andere Reitschulkinder, da macht eine Dressursusi mehr oder weniger den Kohl nicht fett.

Das Taxi rollt von dannen, drinnen Dressursusi und Chayenne, die gibt es ja nur im Doppelpack, und hinter ihnen der künftige Kracher.

Der Stall von Müllers ist rasch erreicht, und der Crack wird ausgeladen.

Herr Müller ist auch da und schaut sich den Fuchs an. »Der sieht gut aus«, ist sein fachkundiges Urteil.

Leider hat Wonderful Days Mon Amour nicht nur die guten Manieren vergessen, sondern auch, dass er eigentlich sediert ist. So schleift er Dressursusi, die ihn eigentlich nur von der Rampe führen will, erstmal gefühlte zehn Kilometer über den Hof.

»Der braucht aber eine starke Hand«, sagt weise Herr Müller, geht hinüber, nimmt Dressursusi einfach den Strick aus der Hand und ruckt mal ordentlich dran. Als er Dressursusi den Strick wieder überreicht, versucht der renitente Wallach aber prompt erneut auszubüxen, denn er hat die Futterkammer entdeckt. Gehorchen ist eben Glückssache …

Wenn man sich mal gewisse Pferd/Reiter-Paarungen anschaut, dann fällt oft auf: Pferde reagieren je nach Kategorie, der sie angehören, sehr unterschiedlich auf ein »Nein!«. Das liegt nicht immer nur an ihrem Besitzer, sondern sehr oft auch an ihrem Charakter. Deswegen betrachten wir jetzt mal die verschiedenen Pferde und wie sie auf ein »Nein!« reagieren. Die Ausgangssituation: Wir möchten nicht, dass unser Pferd an einen Eimer geht, der in seiner Reichweite steht.

Der Taubstumme

Ist meist ein Pony, denn das »*Nein*!« überhört er in allen Nuancen, wenn er einen Eimer sieht. Könnte ja Futter drin sein. Aber auch ein paar Spezialisten aus dem Warm-, Voll- und Kaltblutlager können das richtig gut. Da zuckt nicht mal ein Ohr. Der Taubstumme muss schließlich überzeugend gespielt werden.

Der Soldat

Nein heißt nein, und das weiß er auch. Vor Schreck steht er stramm und hört mit allem auf, inklusive Atmen. Er guckt zwar nach dem Eimer und sieht ihm traurig nach, wenn er entfernt wird, aber er wird eben nicht mitgehen, schließlich ist er nur ein einfacher Fußsoldat und der Reiter der Feldwebel.

Der Hinterhältige

Der Hinterhältige weiß sehr genau, was verboten ist. Aber er wartet einfach, bis das »*Nein*!« einmal erklungen ist und der Reiter sich in Sicherheit wiegt, nur um dann den Kopf in den Eimer zu stecken. Spätestens wenn der Eimer auf dem Kopf festsitzt, hat man ihn erwischt; nur ist er sich keiner Schuld bewusst.

Der Goldfisch

Der Goldfisch weiß ehrlich *nicht*, was verboten ist. Denn er ist blöd. Oder sagen wir: Er hat das Gedächtnis einer Eintagsfliege. Er hört das zwar in diesem Moment, wenn der Reiter

»*Nein*!« sagt, denn er versteht den drohenden Unterton. Aber er macht den Fehler einfach gleich noch mal. Und noch mal. Immer und immer wieder. Bis alle Goldfischfallen in seiner Umgebung entfernt worden sind.

Der Diskussionsfreudige

Ja ja, er hat das schon verstanden. Also das »*Nein*!«. Aber wenn man nur einen Schritt näher rangeht, während der Reiter noch guckt … Ja, also daran ist ja nichts verkehrt. Schließlich hat der Diskussionsfreudige nur das Gewicht ein bisschen verlagert. Nee, am Eimer hat er überhaupt kein Interesse. Er schleicht sich aber trotzdem mal näher. Und hört damit nur bei einem erneuten »*Nein*!« auf. Um fünf Minuten später weiter zu diskutieren.

Der Clown

Ja ja, ist verboten, habe ich verstanden. Die Nase darf nicht in den Eimer. Aber wenn ich den mit dem Huf ranziehe und der dann zufällig auf meine Nase fällt … Dann kann ich doch auch nichts dafür. Der Clown macht das Verbotene einfach trotzdem. Nur eben sehr kreativ und lustig, sodass er eventuell sogar damit durchkommt.

Die beleidigte Leberwurst

Ist schlimmer als die Ritter, die »Ni« sagen. Also mehr so eine Leberwurst von »Ni«. Die beleidigte Leberwurst hört ein »Nein!« und hat sofort die Ohren im Nacken. Sie ist tödlich beleidigt über die peinliche Maßregelung und lässt einen das spüren. Außerdem ist sie meistens weiblich.

Momentan ist Wonderful Days Mon Amour taubstumm und Goldfisch. Er kann nicht mal großartig was dafür, denn er macht ja nur das, was seine Besitzerin ihm beigebracht hat: nichts.

Also nimmt Herr Müller der hilflosen Dressursusi den herumtollenden Kerl ab und führt ihn in seine neue Box, wo er erstmal zeigt, was er kann: weben.

»Das ist ein sensibles Pferd, da musst du direkt hart durchgreifen«, sagt Herr Müller. »Du kommst übermorgen mal mit dem in meinen Unterricht, und dann schaukeln wir das schon.«

Einerseits fühlt sich Dressursusi irgendwie bevormundet, andersherum ist sie auch irgendwie stolz und erleichtert, weil Herr Müller ihr künftig helfen wird.

Chayenne schaut sich noch mal neugierig um. Die ist ein bisschen traurig, weil Herr Müller keinen weiteren Platz freihat, denn so kann sie gar nicht mehr mit ihrer Freundin reiten. Und wer weiß, ob das von ihr ins Auge gefasste Pferd überhaupt mit umgezogen wäre. Bei der Denise will sie aber eigentlich auch nicht bleiben. Dabei hat die ihr ja gar nichts getan. Das ist ein echtes Dilemma. Wird sie nachher mal mit ihren Eltern besprechen.

Als Wonderful Days Mon Amour das mit dem Weben zu blöd wird, geht er doch mal raus und giftet die Nachbarn an. Irgendetwas muss er ja machen.

Ein Schrei ertönt aus der Nachbarbox. »Hallo? Lass das!«

Draußen auf dem Paddock scheppert es. Nebenan steht eine teilblondierte Einstellerin mit Walfischhintern und bösem Gesicht. »Dein Pferd hat nach meiner Stute geschnappt.«

Dressursusi weiß gar nicht, was sie darauf antworten soll. Zu gebannt ist sie von der Pferd/Reiter-Kombination aus der Nachbarbox. Also, bei allem guten Willen, aber die Teilblondierte, die ist wirklich dick. Und ihr Pferd … wirklich dürr. Und noch jung, das sieht Dressursusi, als die Fremde mit ihrer Stute in die Stallgasse tritt.

»Hömma, Herbert!«, faucht die Teilblondierte den Herrn Müller an. »Das geht aber nicht! Der lässt Püppi ja gar nicht in Ruhe, wenn ich nicht da bin.«

Herr Müller ist nicht nur freundlich, gratis dazu ist er auch noch Choleriker. »Bist du behämmert? Der ist gerade mal zwei Minuten hier. Wenn's dir nicht passt, hau ab. Du moserst doch eh ständig.«

Hui! Das saß. Die Teilblondierte macht ein wütendes Gesicht und dampft ab.

Dressursusi hat keine Ahnung, dass so ein Choleriker sich natürlich irgendwann auch mal gegen sie wenden kann. Nein, die findet es erstmal toll. Herr Müller ist der strahlende Ritter mit Hängebacken und grauem Haar. Und Rentnerplauze.

Der fiesen Teilblondierten hat er es jedenfalls gegeben, und das muss für heute reichen.

Dressursusi und Chayenne schauen also noch ein bisschen beim Unterricht zu, und dann geht es nach Hause. Mit dem Taxi – allerdings für Menschen. Mutti hat Geld gegeben.

Zuhause wird erstmal ein Riesenaufriss um den Stallwechsel gemacht.

»Hallo liebe Leser!«, titelt Dressursusi prompt. Natürlich mit Bild von Wonderful Days Mon Amour in der schönen neuen Box. Ohne Gitter, weil das ja doof aussieht.

»Wie ihr wisst, habe ich gerade mein Reitabzeichen gemacht, hatte aber schon länger das Gefühl, dass ich so nicht weiterkomme. Meine alte Reitlehrerin hat sich unmöglich verhalten am Reitabzeichen-Tag. Von jetzt auf gleich hat sie mich grundlos angeschnauzt, mir sogar noch gedroht und mich dann vor die Tür gesetzt. Scheinbar kam sie so gar nicht damit klar, dass ich das von ihr gestellte Reitpferd besser als sie vorgestellt habe. Jedenfalls habe ich mich dazu entschieden, umzuziehen. Ich werde jetzt deutlich besser gefördert, und meinem Seelenpferd geht es im neuen Stall auch viel besser. Die Wunde fängt jetzt an zu heilen, und ich nehme künftig bei einem ehemaligen Kaderreiter und Richter Unterricht, sodass ich meine Träume auch endlich verwirklichen kann.«

So findet sie das gut. Und es gibt natürlich auch direkt ein paar Likes. Manche schimpfen auch unbekannterweise auf die Denise:

»Die ist ja nur neidisch.«

»Recht hattest du, gut, dass du da endlich weg bist.«

»Was für ein Scheiß-Stall. Darf ich den Artikel teilen, damit Leute davor gewarnt sind?«

Ja, klar. Super! Dressursusi fühlt sich damit wirklich getröstet. Ist doch wurscht, dass das in Wahrheit ganz anders gelaufen ist. Ihrem gekränkten Ego gibt das ordentlich Auftrieb. Ja, soll die Denise ruhig sehen, was sie davon hat, so gemein zu ihr zu sein. Schließlich kann sie ja auch nichts dafür, dass die Reitlehrerin nur blöde Pferde hat.

Endlich kann wieder gearbeitet werden! Wonderful Days Mon Amour bekommt das Okay von Herrn Müller. Der guckt sonst immer beim Tierarzt zu, also ist er quasi auch einer. Oder zumindest gleichgestellt. Kennt man ja: Wer Arztserien guckt, ist der perfekte Ersthelfer sowie Chirurg, und wer Killerspiele spielt, ein ausgefuchster Terrorist und Amokläufer.

Also sattelt Dressursusi heute zum ersten Mal allein Wonderful Days Mon Amour, denn Chayenne hat Stress mit ihren Eltern, die weder den Stallwechselwunsch unterstützen noch die Tatsache gutheißen, dass sich das Töchterlein immer noch keinen Job gesucht hat, wo sie doch bald studieren soll.

Also denn: das erste Mal allein. Aber so wirklich allein ist Dressursusi gar nicht, denn Herr Müller ist bei ihr. Der scheint einen Narren an seinem unerfahrenen Zögling gefressen zu haben. Er überwacht Dressursusi regelrecht, bewundert sogar ihre Schibbi-Schabbi, die Wonderful Days Mon Amour natürlich *sehr* gut steht, und führt sie dann in die Halle, wo der nervöse Wallach erstmal ordentlich glotzt.

»Heute machen wir noch nicht so viel, der hatte ja länger Pause«, klärt Herr Müller Dressursusi auf und macht mal lieber vorsorglich die Hallentür zu. Er ahnt ja, was gleich kommt.

Und richtig. Zum Glück ist kein Mitreiter da. Wonderful Days Mon Amour rastet nämlich spontan aus. Hilfe, Hilfe! Die Halle hat keine Fenster, ich stand viel zu lange, und alles hier ist neu. Hilfe!

#arschlochpferd #wardawas #yolo #dersandmachtangst.

Weg ist er. Dressursusi, wie ein Fähnchen im Wind, bekommt ihren hysterischen Wallach gar nicht mehr gebremst. Was macht sie denn jetzt nur? Wonderful Days Mon Amour buckelt, springt, steigt, das volle Programm. Sie merkt gar nicht, dass sie eigentlich (denn bei der Denise lernt man doch etwas) gar keine schlechte Figur macht, denn ihr Pferd legt da schon ein mittleres Rodeo hin.

Als es ihrem Pferd endlich zu viel wird, hält er schwer atmend an, und Herr Müller springt von seinem Hocker auf. »Und jetzt lässt du den weitermarschieren. Der muss dir gehorchen. Und wenn der laufen will, ja, dann soll er halt. Aber so lange, wie du willst. Warte, komm her.« Er wedelt sie huldvoll heran. »Hier, eine Gerte. Und nicht sparsam sein.«

So ausgestattet ist Wonderful Days Mon Amour im schnellen Trab auf und davon. Und Herr Müller lässt ihn bestimmt eine halbe Stunde so traben. Wen interessiert das schon, dass er so lange stand? Spuren muss der!

»Und jetzt stell den auch durch. Der läuft wie eine Giraffe.«

Dressursusi ist zwar ganz außer Atem, aber sie nimmt trotzdem die Zügel kürzer, während sie von hinten mit der Gerte wedelt.

»Mehr. Das ist einer, den man mit Kraft reiten muss. Der ist nichts für kleine Mädchen. Du bist doch eine erwachsene Frau, so musst du auch reiten«, spart Herr Müller nicht mit Weisheiten.

Dressursusi hat das Gefühl, dass ihr die Arme gleich durchbrechen, aber immerhin hat der sture Bock endlich die Nase auf der Brust.

»Ja, da muss der hin!«, lobt Herr Müller, der das wirklich für gutes Reiten hält. »Und so ist das auch schöner Trab. Ich hole dir morgen mal die Schlaufzügel, damit du es was einfacher hast. Der muss das lernen, dass er nicht so einen Unsinn machen kann. Immer gut durchstellen. Ja, jetzt hast du es raus.«

Dressursusi platzt trotz der harten Anstrengung vor Stolz. Ach, was ist Reiten doch schön, wenn man endlich einen guten Reitlehrer hat, der sich nur um sie kümmert. Die Denise war ja sogar bei Einzelstunden dauernd mit anderen Leuten dran, die an die Hallentür kamen. Und Herr Müller macht sogar die Tür zu, sodass die Halle nur für sie verfügbar ist. Dass er vielleicht nur nicht will, dass man sieht, wie er Pferde trainiert, kann natürlich nicht der Grund sein, nein, nein.

Als Dressursusi nach einer Dreiviertelstunde endlich entlassen wird, geht sie mit ihrem völlig verschwitzten

Pferd noch eine Runde nach draußen, um auf der hauseigenen Sandbahn trockenzureiten. Es wird aber doch nur ein Trockenstehen daraus.

»Hi, ich bin Christina«, tönt es von draußen. Eine junge Frau mit einem Rappen. »Du bist die Neue, oder?«

Dressursusi hält an. »Ja, ich bin Dressursusi, und das ist Wonderful Days Mon Amour.«

»Schöner Kerl. Was ist denn das für einer?«

Ach, endlich kann man mal erzählen. Reiter erzählen nämlich gerne von ihren Pferden. Ständig und überall. Meist ungefragt. Aber da Christina so bescheuert ist und auch noch nachfragt, hat sie bald die halbe Lebensgeschichte von Wonderful Days Mon Amour gehört. Okay, die ist kurz, weil Dressursusi nicht wirklich viel über ihr Pferd weiß. Dafür ist die neue Stallkollegin aber am Ende bestens darüber informiert, dass die Denise eine blöde Kuh ist und dass sie niemals in diesen Stall gehen soll.

»Ach«, macht Christina. »Eine Freundin von mir steht in dem Stall. Ich wusste gar nicht, dass das so schlimm ist. Muss ich sie mal fragen.«

Für einen kurzen Moment meldet sich Dressursusis Realismus und sie stutzt. Eigentlich ist bei Denise jetzt gar nicht wirklich was scheiße gewesen; streng genommen ist sie nur beleidigt abgezogen. Dann wirft ihr Hirn aber erfolgreich alles durcheinander und korrigiert schnell die Lügengeschichte wieder zur Wahrheit, damit sie mit ihrem Spatzenhirn auch nicht mehr beunruhigt sein muss.

»Ja, frag sie mal. Also, es geht ja noch, wenn man keinen Reitunterricht bei der hat, aber sonst? Die ist furchtbar. Schnauzt dauernd die Reitschulkinder an. Und habe ich dir schon vom Reitabzeichen erzählt?«

Das tut sie auch noch prompt. In der *Facebook*-Extended Version natürlich, denn die macht viel mehr Spaß. Am Ende erzählt sie noch von ihrer *Instagram*-Seite und nimmt Christina das Versprechen ab, die auch ganz bald zu besuchen. Dann entscheidet sie, dass ihr Wallach nun fertig ist und geht wieder nach drinnen, um abzusatteln.

Im Stall sind zwei Mädchen mit ihren Ponys, die am Anbinder stehen. Schicke Schibbi-Schabbis, aber eben auf Ponys. Die können nicht mit Wonderful Days Mon Amour mithalten, der völlig entkräftet dazwischen eingeparkt wird.

»Der ist aber schön«, sagt das Mädchen mit den blonden Haaren. »Darf ich den mal streicheln?«

Huldvoll nickt Dressursusi und lässt die Kinder an ihr Pferd.

»Ich bin Caroline!«, verkündet die Blonde.

»Und ich Justina«, kräht die andere.

So viele Namen. Kann sich Dressursusi eh nicht merken, also nennt sie sie im Stillen Fan 1 und Fan 2.

»Ich hab auch eine *Instagram*-Seite für den.«

»Boah, echt? Wie heißt die denn?«, freut sich Caroline. »Kann ich dich da adden?«

»Natürlich«, antwortet Dressursusi gönnerhaft und nennt den Seitennamen.

»Du hast ja voll viele Follower«, staunt Justina. »Kann ich ein Selfie mit dir machen?«

»Ja, logisch«, antwortet Dressursusi und lässt sich geduldig mit ihren Fans fotografieren. Weder den Gurt von Wonderful Days Mon Amour lockert sie noch bemerkt sie, dass der langsam wirklich Durst hat.

Am Abend ist Dressursusi auf Wolke sieben. Endlich hat mal irgendwas geklappt. Morgen nimmt sie natürlich wieder eine Reitstunde bei Herrn Müller. Der hat ihr übrigens auch gleich noch zusätzlichen Beritt aufgeschwatzt. Kommt alles auf die Stallrechnung, die Muttern ja monatlich erhält. Herr Müller hat gesagt, er möchte ihr Talent fördern, und sie hat ja auch das richtige Pferd dafür; da kann sie nicht nein sagen.

Sie kann quasi schon die Schlagzeilen in der Zeitung lesen. Die Gratulationen auf der Webseite des Stalls. Die Nachrichtenteams, die bald bei ihr Schlange stehen werden. Ach, was wird das für ein aufregendes Leben.

Sie verfasst einen entsprechenden *Facebook*-Post, aber da passiert plötzlich etwas Merkwürdiges. Es gibt Kritik. Wieso denn das?

»Hast du den echt nach einem Tag schon rausgezerrt und den 'ne Stunde durchgepowert? Der arme Kerl!«

Dressursusi ist empört. »Herr Müller ist Pferdewirtschaftsmeister, der weiß, was er tut. Er hat nämlich die ganze Zeit nur gebuckelt.«

»Das würde ich auch machen, wenn ich vorher ein paar Wochen nur gestanden hätte. Das muss man doch langsam machen. Sorry, aber du scheinst auch nur so eine turniergeile Tussi zu sein, die nicht auf das Wohl ihres Pferdes achtet. Fettes Dislike für dich.«

Jetzt ist Dressursusi wirklich empört. Dislike? Was ist denn das für eine?

Und sie ist nicht mal allein.

»Dein Pferd ist noch total jung und kommt aus einer Verletzungspause, und dann machst du erstmal gemütlich Reitstunde?«

»Nee, das war ja anstrengend.«

»Für ihn auch! Sei froh, wenn der morgen keinen Kreuzverschlag hat.«

Kreuzverschlag? Kann man das essen? Ach, drauf geschissen. Herr Müller weiß ja wohl, was das Beste für so ein Pferd ist. Und wenn das unter seiner Aufsicht passiert, ist das schon alles richtig. Also schreibt sie: »Ihr seid doch nur neidisch!«

Das Totschlagargument aller Reiter. Das gibt sogar noch ein paar Likes. Denn es sind natürlich auch Dressursusi-Fans da.

»Mach du erstmal nach, was der Herr Müller geleistet hat, dann kannst du dich über ihn beschweren!«, schreiben die.

Und: »Der wird schon wissen, was er macht. Sie hat einen sehr kompetenten Reitlehrer, der hat sogar schon mal den goldenen Blumenpott gewonnen. Den bekommt man nicht, wenn man keine Ahnung von Pferden hat.«

Ja, so sieht das aus!

Diese Antworten unter ihrem Post geben Dressursusi ein besseres Gefühl. Sie klickt aber vorsichtshalber mal auf die Profile von den Meckerfritzen. Danach fühlt sie sich noch großartiger. Das sind ja alles so furchtbare Ostwindtanten mit Halsring. Weiß doch jeder, dass Halsringreiten schlimmer ist als Luzifer. Das machen nur Verrückte, die total öko drauf sind und niemals irgendetwas in der Dressur auf die Kette bekommen. Aufm Feld rumgurken und ein Kleid tragen: pah, so ein Unsinn.

Das schreibt sie gleich mal der daheimgebliebenen Chayenne, damit die auch was zum Lachen hat.

Das Telefon klingelt unten, und Dressursusi hört, wie ihre Mutter drangeht. Schritte … Dann steht sie in der Tür: »Ist für dich. Denise.«

Was will die blöde Kuh denn?

»Ja, hallo?« Plötzlich fällt der Dressursusi ein, dass sie in letzter Zeit nicht sonderlich nett über ihre ehemalige Reitlehrerin gesprochen hat.

Aber das scheint die zum Glück nicht zu wissen. »Kann es sein, dass du die Gamaschen von der Simone mitgenommen hast?«

»Da kann die ja selber anrufen«, sagt naseweis die Dressursusi. »Was ist die denn für ein Kind?«

Man kann förmlich hören, wie Denise die Augen verdreht. »Die hatte deine Nummer nicht. Sie sagt, du hast die in deinem Putzkoffer.«

»Nö«, antwortet Dressursusi. Beweisen können die ihr schließlich nichts. Okay, Wonderful Days Mon Amour hatte die heute an, aber … Oh … Moment, die sieht man auf dem heutigen *Instagram*-Post. »Ich habe eigene. Kann ja auch nichts dafür, dass die so schlampig mit ihren Sachen ist.«

»Falls du die doch noch hast, bring sie bitte vorbei. Simone ist sich ganz sicher, dass du die Gamaschen hast.«

»Ja, ich guck mal«, lügt Dressursusi und legt auf.

»Was wollte denn Denise?«, fragt ihre Mutter, als sie das Telefon zurückbringt.

»Wollte nur wissen, ob ich wüsste, wo die Gamaschen von irgendeiner Reitschul-Trulla sind. Keine Ahnung. Wenn die nochmal anruft, sag, ich bin nicht da. Das ist doch nicht mein Problem.«

Ja, man merkt, dass unsere Dressursusi sich langsam auch wie eine künftige Berühmtheit verhält. Sie macht langsam die ersten Schritte in Sachen Arroganz.

Das Telefon klingelt erneut. Diesmal ist es Herr Müller: »Hör mal, der Wonderful Days Mon Amour sieht nicht gut aus, der hat nicht gefressen. Soll ich den Tierarzt holen?«

Jetzt ist Dressursusi ernsthaft schockiert. Haben die auf *Facebook* etwa Recht? Alles, nur das nicht!

»Ich komme sofort in den Stall. Können Sie den Tierarzt schon mal anrufen?«, fragt sie jammernd und kaut auf ihren frisch gemachten Fingernägeln.

»Was ist denn jetzt wieder?«, fragt ihre Mutter, als sie sieht, wie ihre Tochter ihre Lackreitstiefelchen wieder anzieht.

»Wonderful Days Mon Amour ist krank. Ich muss hinfahren.«

»Nimm aber bitte nicht den Porsche, ja?«

Schmollend verzichtet Dressursusi auf das Statussymbol, während Muttern wieder Prosecco schlürfen geht und weiter *RTL* schaut. Da kommen nämlich die wichtigen Nachrichten über Stars und Sternchen. Und die kennt sie alle. Die Familie hat ja Urlaub in Monaco gemacht.

Dafür macht sich ihre Tochter auf den Weg in den Stall und fragt sich ernsthaft, warum ihr Seelenpferd jetzt plötzlich kränkelt.

Manchmal wünscht man sich für Besitzer wie Dressursusi einen Pferdeführerschein. Wie beim echten Führerschein muss der natürlich Multiple Choice sein, damit eine echte Chance aufs Bestehen auch vorhanden ist. Außerdem möchten sich die Behörden sicher nicht durch die dreitausend Rechtschreibfehler quälen, die so ein Antragssteller gerne macht. Obwohl, das hätte auch etwas. Keine Rechtschreibung? Kein Pferd! Legasthenie muss natürlich ärztlich bescheinigt werden. Und am Handy mit Autokorrektur ist der Test gar nicht erst verfügbar. Ja, doch, alle Eventualitäten bedacht, so etwas wäre sicher nützlich. Machen wir das trotzdem erstmal lieber mit Multiple Choice.

1. Frage: Ihr Pferd hat eine Wunde. Was tun Sie?
a) Ich verarzte sie mit einer Salbe und gucke, ob die Stelle sich verändert. Wenn ja, rufe ich den Tierarzt.
b) Ich poste ein Foto davon und sage: LOL #dummespferd #witzig #kannheutenichtreiten
c) Ich frage bei *Facebook*, ob das ein Ripper war.

2. Frage: Ihr Pferd tickt leicht. Was tun Sie?
a) Ich mache ein Video davon und frage bei *Facebook*, ob jemand schon mal was Ähnliches gesehen hat und was man dagegen gemacht hat.
b) Ich mache Bandagen drum, das stützt ja.
c) Ich rufe den Tierarzt.

3. Frage: Ihr Pferd ist widersetzlich beim Satteln. Was tun Sie?
a) Ich mache ein Foto und frage bei *Facebook*, ob der Sattel sitzt.
b) Ich schimpfe auf alle Sattler dieser Welt und kaufe einen Baumlosen, weil die ja immer sitzen.
c) Ich hole den Sattler.

4. Frage: Ihr Pferd beißt. Was tun Sie?
a) Ich diskutiere mit ihm die Vor- und Nachteile von Beißen bei einem Beruhigungstee.
b) Ich beiße zurück.
c) Ich rufe den Tierarzt. Ist doch sonst auch immer die richtige Antwort.

5. Frage: Ihr Pferd ist unausgeglichen und buckelt ständig. Was tun Sie?

a) Ich hänge noch mehr Spielzeug in die Box.

b) Ich reite nur noch nach Sedierung.

c) Ich stelle es auf die Weide, auch wenn das total abwegig erscheint.

6. Frage: Ihr Pferd steigt. Was tun Sie?

a) Ich mache ein Foto davon und stelle es auf *Facebook*. Gibt Likes!

b) Ich setze mich drauf, lasse ein Foto davon machen und stelle es auf *Facebook*. Gibt noch mehr Likes!

c) Ich gewöhne es ihm mit Hilfe meines Trainers wieder ab.

7. Frage: Sie haben einen neuen Zaum gekauft, den Sie noch nicht kennen. Was tun Sie?

a) Ich ziehe ihn dem Pferd an und reite damit. Wird schon richtig sitzen.

b) Ich gucke mir Bilder im Internet an und mache das dann nach.

c) Ich bitte jemanden vor Ort mit Erfahrung darum, dass er mir hilft.

8. Frage: Sie kommen in den Stall, und ihr Pferd zeigt Anzeichen einer Kolik. Was tun Sie?

a) Ich lege mich zu meinem liegenden Pferd, mache ein Selfie und schreibe: Oh, es geht ihm so schlecht!

b) Ich lege mich zu meinem liegenden Pferd, mache ein Selfie und schreibe: Oh, was für ein Vertrauen!

c) Ich scheuche das Pferd hoch und hole den Tierarzt.

9. Frage: Sie haben einen Halsring geschenkt bekommen. Wie benutzen Sie den?

a) Im Gelände natürlich, neben der Bundesstraße.

b) Im Gelände, mit Fotografin bei Fuß.

c) Verantwortungsvoll auf einem eingezäunten Platz.

10. Frage: Sie haben schlecht beim Turnier abgeschnitten. Was tun Sie?

a) Mich fragen, wo mein Fehler war.

b) Ein neues Pferd kaufen.

c) Das Pferd verhauen und auf die stille Treppe schicken.

Für Dressursusi kommen solche Tests leider ohnehin zu spät. Die ist inzwischen – fast zeitgleich mit dem Tierarzt – am Stall angekommen, obwohl sie nicht mal den Porsche hatte. Dafür ist sie mit Muttis SUV dreimal geblitzt worden und hat fast eine Oma mit Rollator überfahren. Frechheit! Die Leute müssen doch verstehen, dass es sich hier um einen Notfall handelt.

Herr Müller ist nirgends zu sehen, wohl aber seine Tochter. Die kennt Dressursusi noch nicht.

»Tach. Ich bin Anette«, sagt sie und reicht ihr die beringte Hand.

Der Tierarzt wird zur Box gebracht, wo Wonderful Days Mon Amour einen traurigen Eindruck macht. Er lässt den Kopf hängen und guckt gar nicht, als seine Besitzerin hereinkommt.

»Seit wann ist das denn schon so?«, fragt der Tierarzt.

»Weiß ich nicht, ich bin ja gerade erst gekommen.«

Solche Informationen lieben Tierärzte ja. Also wendet er sich an Anette, die etwas bereitwilliger Auskunft gibt. »Wir haben um sieben gefüttert. Als mein Vater dann noch mal um acht da war, hat er nichts angerührt und stand hier so herum.«

Der Tierarzt fängt mit der Untersuchung an und stellt fest: »Verstopfungskolik. Da müssen wir was machen.«

»Wovon kommt das denn?«, fragt Dressursusi besorgt.

»Das kann schon mal passieren, wenn man das Futter umstellt. Hatte der einen Wechsel?«

»Ich bin gerade erst hierhin umgezogen«, sagt Dressursusi.

»Da muss man immer was vorsichtig mit sein«, erklärt der Tierarzt. »Ich guck jetzt, dass er was Krampflösendes bekommt, und dann warten wir mal ab. Du musst den aber gleich führen, damit der Kreislauf in Schwung kommt und er sich nicht hinlegt, das ist wichtig.«

Dressursusi fühlt sich fast elender als ihr Pferd und nimmt ihren armen Schatz mit in die Halle, gefolgt vom Tierarzt. »Vom Reiten kommt das aber nicht, oder?«, fragt sie bang. Nicht, dass die auf *Facebook* doch Recht haben.

Der Tierarzt, der die Vorgeschichte ja nicht kennt, antwortet: »Nein, das hat damit gar nichts zu tun. Darüber musst du dir keine Gedanken machen.«

Puh, da ist Dressursusi aber erleichtert. Stress und damit verbundene Kolik kann es ja sicher nicht sein, niemals. Aber dann … fällt ihr die nächste, noch viel wichtigere Frage ein. »Wann kann ich denn wieder mit dem anfangen?«

Immer hat das Pferd was. Ein Rückschritt nach dem nächsten. Beim nächsten Mal, den Entschluss fasst Dressursusi jetzt, kauft sie ein neues Pferd. Wonderful Days Mon Amour macht sich wahrscheinlich einen Spaß daraus, am entsprechenden Tag krank zu werden. Der wird sicher auch beim ersten Turnier husten oder lahmen. Das kommt davon, wenn man bei der blöden Denise kauft. Die hat sie betrogen und wusste sicher, dass der Wallach immer was hat.

»Ich geb dem jetzt noch was, und dann führst du ihn eine halbe Stunde.«

»Du kannst den auch in die Führmaschine stellen«, bietet Anette an. Die kennt sich aus mit Faulheit.

Dankbar nickt Dressursusi, denn sie hat eigentlich keine Lust, jetzt eine halbe Stunde herumzulaufen. Das Pferd hat schließlich vier Beine und soll doch selbst sehen, wie es seine Kolik wieder wegbekommt. Der hat ja damit angefangen!

Die Kolik ist zum Glück bald ausgestanden, und Dressursusi befindet sich voll im Trainingsmodus, als Herr Müller sie für die A-Dressur im Nachbarstall nennt. Gottlob ist Wonderful Days Mon Amour nicht mehr krank geworden, und es kann ausgiebig mit Schlaufzügeln trainiert werden. Es fällt Dressursusi jetzt auch leichter, ihren unwilligen Wallach mal richtig anzupacken; mechanisch verstärkt ist das kein Problem, zumal das Gebiss gleich mit schärfer geworden ist, nicht nur der Umgang.

Chayenne kommt endlich auch mal ehrfürchtig gucken. Die jobbt jetzt nebenher im Supermarkt und findet das richtig doof. Die Dressursusi und den Wonderful Days Mon Amour dafür nicht, das sieht nämlich aus wie bei denen im Fernsehen. Einfach toll!

Zur Generalprobe fürs Turnier ist sie auch mit im Stall, und Herr Müller feuert an: »Super! Wenn du den morgen so reitest, dann hast du auf jeden Fall deine Schleife.«

Dressursusi hat zwar einen roten Kopf vom ganzen Gegenhalten, aber das spart ihr das Fitnessstudio und das lästige Gewichte Stemmen. Ja, so ein richtiges Dressurpferd, das ist besser als jedes Workout.

Immer mit der Gerte und den Sporen dran, hat sie mittlerweile jede natürliche Laufbereitschaft ihres Pferdes im Keim erstickt, und Wonderful Days Mon Amour ist ganz schön triebig geworden. Aber so sieht man wenigstens auch, dass sie reitet, wenn sie jeden kleinen Schritt kontrolliert rausschiebt.

Als Dressursusi schließlich absteigt, bekommt sie noch eine Ansprache von Herrn Müller, und dann darf sie davondackeln. Trockenreiten macht sie schon gar nicht mehr; ihr Wallach geht in die Führmaschine. Da kann er dann rotieren, während Dressursusi huldvoll Caroline und Justina begrüßen kann, die mit ihren dicken Ponys gerade um die Ecke kommen.

Danach geht es zur Lagebesprechung mit Chayenne.

»Was zieh ich denn morgen nur an?«, jammert sie.

»Das Grüne. Das sieht total edel am Fuchs aus«, erklärt ihre Freundin und deutet in der Sattelkammer auf die passende Schabracke, die noch nie in Benutzung war.

»Aber da habe ich kein Jackett zu!«, kreischt Dressursusi hysterisch. Wie soll sie das nur schaffen?

»Ich bin ja da«, beruhigt die Chayenne. Man muss es ihr lassen, ein guter Turniertrottel ist sie ja schon. Da kann Dressursusi eigentlich über nichts mehr motzen, als es am nächsten Morgen früh losgeht.

04:20 Uhr – Wecker klingelt. Warum? Ach, ja ... Turnier im Nachbarstall. Ist das wirklich so wichtig? Es wird eine Weile bereut, dann doch aufgestanden und gleich der TT aus dem Bett geklingelt, der muss gleich im Stall stehen.

05:10 Uhr – Herzinfarkt! Wo bleibt der TT? Tränen, schreien, kreischen, Haare ausreißen inklusive, und das Pferd hat auch noch drei seiner Zöpfe aufgemacht. Wie soll man da nur die A-Dressur anständig reiten? Die fängt um 8:30 ... in Worten: *Acht Uhr dreißig* an. Das holt man *nie* wieder ein.

05:12 Uhr – TT ist da. Hat sich erdreistet, einem Rettungswagen Platz zu machen. Indiskutabel, wird beim nächsten Mal ausgetauscht.

05:40 Uhr – Pferd ist nicht ansatzweise sauber (jedenfalls nicht, wenn es nach der Turnierreiterin geht), aber der TT hat die Zöpfe gerichtet. Immerhin macht der mal endlich was.

06:00 Uhr – Pferd wird auf Beton verfrachtet, denn die Hüfchen werden in der verdammten Box ja immer wieder dreckig und könnten auch noch eine zehnte Glasur Huffett vertragen. Obwohl es bereits flutscht wie ein Zäpfchen. Schweif und Mähne werden natürlich auch aufpoliert und noch akribisch mit der Schere bearbeitet.

06:30 Uhr – Pferd gilt als sauber. Auch wenn die Turnierreiterin immer wieder neue Schmutzstellen findet. Der TT schleppt schon mal das Sattelzeug zum Hänger, wird aber zusammengefaltet! Wehe, da kommt eine Macke dran. So wie die das schon trägt ... Kein Wunder, dass man den Kram am Turnierplatz wieder putzen muss!

06:45 Uhr – Pferd wird aufgeladen. Natürlich eingepackt in zweihundert Gamaschen und sieben Decken. Aber es krümmt sich den Schopf. Alle Arbeit zunichte. Das kann ja nur miserabel werden. Kreischen, heulen und trampeln bei der Turnierreiterin, während ihr TT beschließt, ihr den Autoschlüssel nicht zu geben.

06:47 Uhr – Hänger rollt vom Parkplatz.

06:50 Uhr – Hänger rollt auf den Parkplatz. Turnierreiterin hat ihr Blüschen vergessen. Unter Tränen holt sie es und kaut sich währenddessen alle Fingernägel ab.

07:00 Uhr – Panisches Rennen zur Meldestelle. Ist man denn überhaupt noch rechtzeitig dran? Oh Gott, oh Gott. Spontane Amnesie setzt bei der Turnierreiterin ein – hat man überhaupt gemeldet?

07:01 Uhr – Panischer Zusammenbruch über der Starterliste. Der eigene Name steht nicht drauf.

07:02 Uhr – TT entdeckt den Namen in der fünften Abteilung und beruhigt die hysterische Turnierreiterin, die schon mit den Händen ringt und an Harakiri denkt.

07:15 Uhr – Pferd wird abgeladen. Schreikrampf der Turnierreiterin ist auch noch in der Halle 800 Meter weiter zu hören, denn das Pferd will nicht so wie sie.

07:18 Uhr – Pferd wird am Hänger angebunden und langweilt sich, während die Turnierreiterin ihrem TT den Sattel aus der Hand reißt und ihn poliert. Hat die eh nicht richtig gemacht.

08:00 Uhr – Jetzt muss aber gesattelt und getrenst werden! Fünf Abteilungen! Das ist ja nichts! Die Turnierreiterin überlässt dem TT das Feld, denn sie muss sich umziehen. TT bleibt mit Edel-Schibbi-Schabbis überhäuft zurück, denn die eifrige Turnierreiterin hat in aller Eile einfach *alle* Schibbi-Schabbis mitgenommen. Kann sich nicht entscheiden.

08:15 Uhr – Schlaganfall und Heulattacke. Das Turnierjackett hat eine Falte. Anfall wird noch schlimmer, als die Turnierreiterin sieht, dass der TT die falsche Schibbi-Schabbi genommen hat.

08:30 Uhr – Ab auf den Abreiteplatz. Mitreiter werden entweder gegrüßt oder von oben herab belächelt. Die haben ja keine Chance.

08:45 Uhr – Es wird angetrabt. Das Pferd sieht das anders und buckelt. Schluchzend bleibt die Turnierreiterin stehen und schwört, dass sie nie wieder aufs Turnier geht. TT muss Aufbauarbeit leisten.

08:47 Uhr – Es wird weitergeritten. Ohne Geheule.

09:45 Uhr – Turnierreiterin reitet ein. Blackout.

09:55 Uhr – Turnierreiterin ist wieder auf dem Abreiteplatz, jetzt zum Trockenreiten. Kommt gerade wieder zu sich, springt vom Pferd und muss jetzt erstmal den kompetenten Rat ihrer Freundinnen einholen. Wie war sie? TT führt das Pferd trocken.

10:00 Uhr – Sowohl Pferd als auch Turnierreiterin sind gut versorgt, dafür hat ja der TT gesorgt. Nur nervt die Turnierreiterin weiter, weil es noch keine Ergebnisse gibt. Ist ja eine große Prüfung. Die sie alle fünf Minuten entweder gewonnen hat oder gar nicht platziert werden konnte, weil sie so grottenschlecht war. Die Prognose wechselt munter, je nachdem, wer fragt.

10:00 Uhr – Vierte! Ein Schleifchen! Turnierreiterin reitet glückselig mit Pferd ein, genießt ihre Siegerrunde und wedelt mit ihrer Schleife. Der Start in die neue Turniersaison war erfolgreich. Dann wieder Blackout.

10:30 Uhr – Heimweg. Turnierreiterin kommt gerade zu sich. War in einem Tagtraum gefangen, wo sie beim CHIO einreitet. TT hat sowohl sie als auch das Pferd versorgt.

11:00 Uhr – Turnierreiterin hat sich erfolgreich von allen Stallmitgliedern lobpreisen lassen, während TT das Pferd

Falls das Pferd nicht den entsprechenden Farbwünschen entspricht, kann man es mit kleinen Accessoires pimpen.

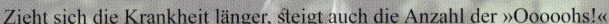
Zieht sich die Krankheit länger, steigt auch die Anzahl der »Ooooohs!«.

Der Dressurreiter hat es mit andersartigen Leuten im Stall nicht sonderlich einfach.
Die gucken immer so gemein.

Wenn sie nicht verletzt sind, machen sie sich dreckig. Toll!

Hat den Vorteil, dass man es entfernen kann, falls das Muster out ist.

Falls das Pferd nicht den entsprechenden Farbwünschen entspricht, kann man es mit kleinen Accessoires pimpen.

Falls das Pferd sich nicht einfangen lässt
Profitipp: einfach ein neues kaufen.

Zum Glück kann man trotzdem noch was mit dem lahmen Gaul anfangen:
Selfies machen, damit alle auf Instagram sagen: »Oooh, du Arme!«

versorgt hat. TT wird gefragt, ob sie nächsten Sonntag wieder kann. Da ist doch Turnier in Pusemuckel!

Turnierreiterin übt schon mal Hundeblick, weil ihr TT so komische Ausreden hat. Ihr Fisch ist krank, ihre Haare tun weh, ihr Haus ist dreckig … Seltsam.

Abends im Stall wird gefeiert. Denn Herr Müller hat noch mal bestätigt, dass der vierte Platz quasi wie ein erster ist. Kennt man ja, Vier ist ausreichend, ausreichend ist bestanden, bestanden ist gut, und gut ist 'ne Zwei. Also quasi ein zweiter Platz.

Wonderful Days Mon Amour ist ja noch jung, und er hat halt ein bisschen geglotzt. Dafür, dass er sonst bei so ziemlich jedem raschelnden Blatt herumspringt, hat er sich heute praktisch mustergültig benommen.

So umsorgt mag Dressursusi ihr Pferd auch gleich wieder. Das entsprechende Video wird natürlich sofort auf *Instagram* hochgeladen.

#vollgeil #baldchio #geileschibbischabbi #dressurreiter-sinddiegeilsten

Garniert mit zig Fotos aus der Prüfung, auch für *Facebook*. Da kann man sich auch mal einen Hugo gönnen, auch wenn Dressursusi eigentlich noch nach Hause fahren muss.

Fröhlich steht sie in der Runde der Reiter und lässt sich feiern. Sogar Anette, die Gelangweilte, hat ein nettes Wort für sie: »Fürs erste Mal doch super.«

»Nächstes Mal gewinnt ihr dann«, sagt die Chayenne und nimmt auch noch einen Schluck Hugo.

»Nächstes Mal musst du mitreiten«, tönt Dressursusi, wohl wissend, dass die Chayenne, die ja nur schlechten Reitunterricht bei der Denise bekommt, sowieso gegen sie abstinken wird. Ein bisschen Konkurrenzdenken schadet doch nicht.

»Mal gucken«, sagt kryptisch Chayenne, die eigentlich weder noch mal den TT machen noch selbst aufs Turnier will. Primär, weil »ihr« Pferd da jedes Mal völlig ausflippt, obwohl der sonst scheintot und alt ist. Aber wie soll sie das ihrer Freundin beibringen?

Im allgemeinen Siegestaumel ohne Sieg klingelt das Telefon von Dressursusi.

»Ja, hallo?« Gerne hätte sie sich mit »Olympiareiterin Dressursusi am Apparat« gemeldet, findet das aber selbst noch ein wenig zu dick aufgetragen.

»Hallo, hier ist Denise«, hört sie es frostig aus dem Hörer.

»Was gibt's?«

»Kann es sein, dass du auf deiner Seite totale Scheiße über mich erzählst?«

»Nö, wieso?«

»Soll ich es dir vorlesen?« Denise' Stimme ist nicht nur frostig, die hat einen ganzen Blizzard verschluckt, während Dressursusi dümmlich grinst. Was Schlechtes? Sie doch nicht!

»Ja, mach doch«, antwortet sie frech. »Wenn du nicht damit leben kannst, dass jemand deinen Unterricht oder deinen Stall scheiße findet, dann mach keinen auf.«

»Es geht nicht darum, dass du mich scheiße findest«, kontert Denise. »Sondern darum, dass du Lügengeschichten verbreitest. Du behauptest auf deiner Seite, dass ich dich bedroht hätte und neidisch auf deine Reitkünste wäre. Schätzchen, du weißt schon, dass ich S reite?«

»Ja, irgendwann vor hundert Jahren mal.« Dressursusi hat einen Höhenflug. »Du bist wirklich neidisch.«

Denise seufzt. »Ich möchte, dass du diesen Unsinn löschst. Ich habe dir sicher nicht gedroht. Das ist rufschädigend, das zu behaupten, und ich möchte, dass es nachher verschwunden ist.«

»Nö«, sagt Dressursusi frech. »Du kannst ja nur nicht mit der Wahrheit leben.«

»Ich habe das jetzt in nett versucht. Aber du möchtest das scheinbar auf die harte Tour lernen.«

»Ja, mach doch«, sagt Dressursusi und legt auf. Pfff … Was will die denn?

»Wer war denn das?«, fragt Chayenne.

»Denise. Die hat mir schon wieder gedroht.« Wenn schon, denn schon. »Ich solle irgendwelche Sachen löschen, sonst würde was passieren.«

»Was? Wie scheiße ist die denn?«, stimmt prompt die Chayenne zu. »Ich frage meine Mutter nachher noch mal, ob ich auch umziehen darf. Ich will mit so einem Stall nichts zu tun haben.«

»Manche können halt schlecht verlieren«, erklärt Herr Müller mit einem Bier in der Hand, denn neben seiner cholerischen Ader hat er auch noch ein Alkoholproblem.

Die Teilblondierte, aka die Boxennachbarin der Dressursusi, kommt um die Ecke. »Was ist denn hier los?«, flötet sie.

»Wir feiern die erste Schleife«, erklärt Anette.

Die Teilblondierte wirft einen Blick auf die siegreiche Reiterin und verdreht die Augen. Da möchte sie lieber nicht mitfeiern.

»Und was darf ich beim nächsten Mal nennen?«, ignoriert Dressursusi ihre Boxennachbarin ebenfalls.

»Nächstes Mal gehst du eine Einzel-A mit«, antwortet Herr Müller. »Dann wirst du auch nicht mehr von den anderen gestört. Wonderful Days Mon Amour muss alleine ins Viereck, dann sehen die Richter auch genauer hin, und du kannst mit ihm glänzen. Morgen müssen wir aber dringend an der Trabverstärkung arbeiten, die war noch nicht gut.«

Pause ist nämlich was für Lutscher.

Am Abend lobsonnt sich Dressursusi noch ein wenig in den Kommentaren bei *Facebook* und *Instagram*.

»Amazing!«

»Wow!«

»Du bist so toll, und ich liebe dein Pferd!«

»Glückwunsch, verdient.«

Dann kommt da aber ein komischer Kommentar. »Und damit bist du echt platziert worden?«

Sie fragt: »Wieso denn nicht?«

»Dein Pferd macht ständig Taktfehler, und der ist viel zu eng. Ich hätte das nicht platziert.«

Pfff … Was hat dieser Schreihals denn für eine Ahnung? Gar keine, so viel ist mal sicher. Alles dumme Gänse. Die wahren Fans, die stehen zu Wonderful Days Mon Amour. Und sagen der doofen Meckerziege auch gleich, was Sache ist: »Der ist doch noch jung, da kann das schon mal passieren.«

Ja, genau, der ist noch jung! Findet Dressursusi auch und merkt sich den Spruch mal gleich, denn das klingt nach einer super Ausrede.

Leider schreibt Chayenne jetzt auch noch über *WhatsApp*: »Guck mal in die Gruppe Pferdefreunde. Da zerreißen die sich das Maul über dein Video.«

Was? Empört klickt Dressursusi sich durch die entsprechenden *Facebook*-Gruppen. Man spricht schlecht über sie? Unerhört! Da ist ja sogar eine alte Bekannte dabei, die sie auf dem Foto erkennt: Denise. Aber nicht nur die, sondern auch die Teilblondierte, die übrigens Martina heißt.

Die ziehen beide richtig fies vom Leder. Martina schreibt: »Die blöde Kuh steht neben meinem Pferd. Das Vieh ist unerzogen und gestört. Es beißt nur, und das ist kein Wunder, denn er hat nicht einen Tag Pause gehabt, seit sie ihn hat. Er ist nie mit Kumpels auf der Weide, immer nur im Training.«

Und Denise setzt gleich nach: »Bei mir war die auch im Stall, ich war froh, als sie gegangen ist. Tut mir nur ums gute Pferd leid, das ich ihr verkauft habe. Der hätte ein tolles Turnierpferd beim richtigen Reiter werden können. Aber so ist der spätestens mit zehn platt.«

Chayenne hat aber schon ihre Ehre verteidigt. Oder es zumindest versucht: »Das ist eben ein Sportpferd und keins von euren Tüddelviechern. Der war teuer und soll nicht ständig ausfallen.«

Und besser auch nicht auffallen.

Genau das passiert nämlich in der bezeichneten Einzel-A, als Dressursusi beim nächsten Mal auf dem Turnier ist. Sie reitet mit stolzgeschwellter Brust und neuem Jackett, sponsored by Mama, ein und *rumms*: Wonderful Days Mon Amour parkt. Immerhin noch so halb auf der Linie. Daher grüßt Dressursusi noch in die Runde, bevor der Wallach so was von schnell rückwärts rennt, dass sie nicht mal hört, wie sie abgeklingelt wird. Völlig schockiert darüber steigt sie ab und guckt sich Hilfe suchend um, doch die Chayenne ist heute nicht mit dabei.

Nur die bräsige Caroline, die sie in Ermangelung eines besseren TTs gefragt hat, ob sie sich ein bisschen um Wonderful Days Mon Amour kümmern kann. Aber Caroline ist eben auch erst zwölf und nimmt das Ganze nicht so ernst. Die Katastrophe gerade muss wohl daran liegen.

Trotzdem ist Dressursusi nach Heulen zumute, als sie Wonderful Days Mon Amour wegführt. Ihre Mutter sitzt im Schatten der Bäume und trinkt ihren Prosecco.

»Was ist denn, Spätzchen?«, fragt sie. Hat natürlich nicht hingeschaut, die Lieblingstelenovela hat nämlich auch eine App, und die ist spannender als das Töchterlein.

»Der hat mich so enttäuscht«, schluchzt Dressursusi und zeigt anklagend auf Wonderful Days Mon Amour. »Ich bemühe mich so um ihn, er kriegt nur die beste Ausbildung, und das ist der Dank?«

Die Worte kommen Muttern bekannt vor, aber sie schweigt mal lieber. Meist wird dieser Satz in einem etwas anderen Kontext genutzt. Nämlich von ihr selbst.

»Wo ist Caroline?«, plärrt Dressursusi. »Die soll den wegbringen.«

Böse, weil das Kind so ein schlechter TT ist, telefoniert sie hinterher und schnauzt das Mädchen an, damit die kommt und das Pferd wegräumt. Aus den Augen, aus dem Sinn.

»Entschuldigung?«

Dressursusi dreht sich um. Vor ihr steht ein junger Mann im Jackett. »Ich hab gerade deine Dressur mitbekommen, das ist ja nicht gut gelaufen.«

»Nee«, sagt sie kleinlaut. Will der sie verarschen?

»Möchtest du meinen Platz im A-Springen haben? Ich hab das zwar genannt, aber meine Stute hat sich vorhin in der Dressur ein Eisen abgezogen und läuft mit dem neuen ganz fühlig.«

»Echt jetzt?«, fragt Dressursusi ganz perplex.

»Ja, klar. Ich bin übrigens Hendrik.«

Moment mal. Der ist männlich und Reiter ... Dressursusi mutiert augenblicklich zum Schmachtfetzen und sagt nur noch: »Jaa …«

Ihr fällt gar nicht mehr ein, dass sie mit Haifa nur deswegen durch den Springteil des Reitabzeichens gekommen ist, weil die Stute den Parcours auswendig kennt.

»Das wäre super nett«, sabbert Dressursusi vor sich hin und freut sich. Oh, Mann … Der ist toll. Hoffentlich sieht sie gerade besonders gut aus. Schnell macht sie noch einen Knopf an der Bluse auf (es ist ja so heiß) und zwinkert Hendrik zu, der ihr zusammen mit seinem Startplatz auch noch seine Telefonnummer gibt. Hat der Tag ja doch was Gutes.

Schnell wird Caroline angerufen und Wonderful Days Mon Amour noch mal eingesammelt.

Gemeinsam mit Hendrik geht es zur Meldestelle, wo eine fiese Frau Dressursusi einen Strich durch die Rechnung machen will: »Das geht aber eigentlich nicht.«

»Wieso nicht?«, jammert Dressursusi.

Hendrik scheint die Dame glücklicherweise zu kennen: »Na, komm schon«, sagt er mit seinem schmierigen Zahnpastagrinsen. »Mir zuliebe. Ich kann eh nicht starten, Callysto hat sich verletzt.«

Die Dame an der Meldestelle pustet sich eine Strähne aus dem Gesicht, kaut noch dreimal auf ihrem Kaugummi und sagt: »Das ist aber echt eine Ausnahme.«

»Vielen Dank«, ruft Dressursusi überschwänglich und drückt Hendrik an sich. Dann allerdings ist das schnieke Mannsbild vorläufig vergessen, sie muss ja jetzt springen. Oh … fuck! Sie hat gar keinen Springsattel mit!

Wieder das Telefon raus. »Chayenne! Du musst mir

unbedingt den Springsattel vorbeibringen. Ich hab mit jemandem getauscht und gehe gleich ein A-Springen!«

»Ich muss arbeiten«, sagt Chayenne bekümmert.

»Aber ich brauch den! Ich kann doch nicht mit dem Dressursattel ins Springen!«

»Ich kann doch nicht …«

»Du musst. Du bist doch meine beste Freundin. Hier ist voll der süße Typ, der mir seinen Startplatz angeboten hat. Wie soll ich dem denn imponieren, wenn ich hier mit meiner Dressurmöhre rumgurke?«

»Ich guck mal, was sich machen lässt«, seufzt Chayenne.

Wie auch immer sie das macht, sie ist eine halbe Stunde später da und hat den Sattel für Wonderful Days Mon Amour dabei.

»Das ist aber gar nicht mein Sattel«, sagt Dressursusi verwirrt.

»Der hing aber neben deinen Schabracken.«

»Hm … na ja … ist ja nicht schlimm, wir bringen den nachher wieder zurück.«

Ein Blick auf Hendrik sagt ihr, dass es den Ärger, der eventuell dadurch im Stall entsteht, definitiv wert ist, denn der winkt so niedlich, als sie sich zu ihm umdreht. Dem muss sie einfach zeigen, wie schweinecool sie im Parcours ist.

Leider erlebt sie eine böse Überraschung, als sie zu ihrer Gästebox kommt. Auch Wonderful Days Mon Amour hat sich auf das Springen vorbereitet. Und zwar so, wie das Turnierpferde eben machen.

Pferde wissen oft schon: Irgendetwas stimmt an diesem Tag nicht. Hat die mir schon wieder die Lockenwickler in die Haare gedreht. Und die zappelt auch so komisch. Es muss Turnier sein! Was automatisch bedeutet: Wir müssen den Reiter irgendwie überraschen. Am liebsten zu Tode.

Zöpfe aufmachen
Manche machen das locker flockig, andere reißen sich dabei auch noch die halbe Mähne ab und sehen aus wie ein gerupftes

Huhn. Es ist völlig egal, ob abends eingeflochten wurde oder am Morgen: sobald der Reiter sich umdreht, juckt die Mähne plötzlich ganz doll und: Raaaatsch! Weg damit. Und wie nett die Viecher dann mit ihrer halb zerstörten Mähne noch schauen. »War was, Frauchen?«

Mistflecken im Fell

Nicht nur Schimmeln vorbehalten, sondern so ziemlich allen Pferden. Das müffelt und hinterlässt sogar in braunem Fell sehr unschöne Flecken, die grünlich schimmern. Blöd … Besonders beliebt ist es, es irgendwie zu schaffen, den Reiter ein bisschen mit anzuschmieren.

Schrammen holen

Keine richtigen Schrammen, nein, es darf nur ein bisschen Fell weg, und ein ganz kleines bisschen Blut muss sichtbar sein. Schon so, dass es doof aussieht, aber nicht wirklich schlimm ist. Aber schlimm genug, dass der Reiter sein Turnier in Gefahr sieht, einen Herzinfarkt bekommt, zweihundert Salben holt und jammert.

Spontane Hängerphobie

Eigentlich gehen wir auf den Hänger. Heute aber nicht. Aus Gründen. Sind noch müde, haben durchgefeiert. Wir machen durch bis morgen früh und singen Bumsfallera. Moment … Jetzt auf den Hänger? Ich bin noch gar nicht fertig mit feiern. Nöö, geh doch alleine da rein! Nö-ö! *N*ö! Der Aufstand wird mit kuriosen Dingen garniert, die der Reiter bei seinem Pferd so noch nie gesehen hat. Mit Steigen etwa. Oder Radschlag.

Sachen kaputtmachen

Nein, das war schon so, ich schwör! An Turniertagen scheinen Geister unterwegs zu sein. Die machen Bandagen kaputt, Gamaschen, Streichglocken, Trensen, Zügel, Vorderzeug, Abschwitzdecken … Wie von Zauberhand ruiniert. Man guckt zu seinem geschniegelten Pferd: alles gut. Man guckt kurz weg, guckt wieder hin: Die Bandagen rollen sich ab, die Abschwitzdecke hat ein Loch, und der Strick ist gerissen. Das Pferd steht aber nicht anders da als vorher.

Schreckmomente generieren
Zuhause ist der Traktor egal. Und das Gebüsch auch. Auf einem Turnier … Nein, da ist das nicht egal. Es ist ein anderer Traktor und ein anderes, viel böseres Gebüsch. Das wird ab jetzt schlimm gefunden. Inklusive viel Augenrollen, damit die Leute sich denken: »Wieso fährt die mit dem armen Geschöpf aufs Turnier? Der hält das doch nervlich gar nicht aus und ist völlig überfordert!« Von einem Busch!

Abreiteplatz-Arschlochigkeit
Eigentlich ist das Pferd zuhause ja wirklich lieb und nett. Auf dem Abreiteplatz gucken aber so viele Leute zu, und man hat so viele Gelegenheiten, andere Leute zu stören, dass manche Pferde an Abreiteplatz-Arschlochigkeit erkranken und da eine Show abziehen, auf die David Copperfield neidisch wäre. Da gibt's dann plötzlich sogar schwebende Jungfrauen. Gut, die schweben eher unsanft zu Boden, aber in der Luft waren sie. Jedenfalls kurz.

Eisenweitwurf
Gehört das Pferd zur Spezies der Eisenträger, kann man die Uhr danach stellen: Ein Eisen ist immer weg. Sonst nie, aber wenn Turnier ist, definitiv. Auch gerne so, dass man es nie wiederfindet. Verschwunden für immer, irgendwo mit den ganzen Socken und Haarspangen, die man in seinem Leben so verliert. Muss ein schwarzes Loch sein.

Wonderful Days Mon Amour wird also erneut geputzt und gesattelt, doch die Mähne bekommt Dressursusi nicht mehr so hin wie vorher. Und der der Sattel ist mehr als nur eng.

Aber soll der sich mal nicht so anstellen. Hätte er vorhin die Dressur nicht verhaut, müsste er jetzt nicht noch mal zum Springen ran.

Kann der überhaupt springen? Ach, alle Pferde können springen. Dressursusi erinnert sich grob daran, dass die Denise mal so was gesagt hat. Oder? Na, wird schon werden.

Auf geht es zum Abreiteplatz, wo ein kleiner Sprung steht und ein junges Mädchen mit einem Schimmel probt. Was für ein hässliches Vieh. Bestimmt ohne Papiere. Araberkopf. Was sollte das mal werden? Ein Einhorn?

In ihrem versnobten Kopf erkennt Dressursusi nicht, dass dieses Paar sehr harmonisch aussieht und das Mädchen ihre Schimmelstute sehr umsichtig reitet.

Mit ihr auf dem Platz sind noch zwei weitere Reiter, mehr als vier dürfen nämlich nicht rein. Dass Dressursusi den Turnierparcours gar nicht abgegangen ist, macht ihr keine Sorgen, denn das ist ihr gar nicht eingefallen. Den Reitabzeichen-Parcours kannte sie schließlich schon vorher auswendig. Und Haifa auch.

Ergo wird Wonderful Days Mon Amour das sicher auch können, weil Pferde einander bestimmt per Pferde-*Twitter* weitergeben, wie so ein Parcours aussieht. Überhaupt, Dressursusi hat ihn ja eben dran vorbeigeführt, da muss das klappen.

Das blöde Schimmelkind ist jetzt im Parcours. Springt zwar fehlerfrei, hat aber keinerlei modischen Geschmack, denn das Weiß ihrer Bluse passt nicht zum Weiß ihrer Gamaschen. Skandalös. Hoffentlich gewinnt die nicht.

Dressursusi hoppelt (nun endlich unterstützt von Chayenne) auf den Abreiteplatz und hält nach Hendrik Ausschau. Der ist zwar nicht zu sehen, aber sie reitet mal den Sprung an. Schließlich ist Wonderful Days Mon Amour warm, das wird schon werden. Also vorhin war der mal warm. Bei der Dressur …

Weil irgendeine niedere Gottheit ein Einsehen mit Dressursusi hat, springt ihr Pferd sogar, obwohl sie nichts macht. Und nicht mal schlecht, denn Denise hat ihn sehr wohl schon mal frei springen lassen, nach dem missglückten Versuch mit Reiter. Mehr allerdings auch nicht. Schließlich hat der super Gänge, der muss Dressur laufen.

Beifallheischend sieht sich Dressursusi auf dem Abreiteplatz um, aber die Einzige, die klatscht, ist die Chayenne; der Rest interessiert sich nicht wirklich für sie.

Die machen auch nur ihr Ding. So wie eine komische Brünette, die nun »Sprung frei!« brüllt und beinahe Dressursusi umholzt, die hinter dem Hindernis Kringel reitet, damit Chayenne ein Foto machen kann.

»Hast du was an den Ohren?«, blafft sie Dressursusi an, als sie zum Stehen kommt.

»Wieso?«

»Weil ich gerufen habe. Noch lauter kann ich nicht brüllen. Du musst doch da jetzt nicht hinter dem Sprung Fotos machen.«

Hochnäsig reitet Dressursusi einfach weg. Was redet die überhaupt mit ihr?

#hysterischesweib #dummeleuteaufdummenabreiteplätzen #yolo

Kopfschüttelnd trabt die Frau an ihr vorbei. Mit einem hässlichen, sehr unförmigen Fuchs. Die kann ja nicht gewinnen. Kann froh sein, dass sie mit Dressursusi und dem Star Wonderful Days Mon Amour auf einem Platz sein darf.

Als endlich Dressursusi an der Reihe ist, ist sie doch ein bisschen aufgeregt, weil ihr die Sache mit dem Parcours nicht aus dem Kopf will. Und wenn sie sich verreitet? Jetzt, wo Hendrik auch zuguckt? Denn der steht neben ihrer Mutter.

Shit! Nervös trabt sie zu den Richtern, um zu grüßen, wobei Wonderful Days Mon Amour langsam merkt, dass ihn der Sattel wirklich zwickt. So richtig zwickt. Er hebt testweise den Hintern, was Dressursusi dank kurzer Bügel aber problemlos aussitzen kann. Bisschen was hat sie ja bei der Denise mitgenommen. Schön sitzen kann sie.

Glocke und los! Zum Glück haben die Hindernisse Nummern. Also findet Dressursusi die Eins. Aber über dem

Sprung stellt sie fest, dass die zwei eigentlich links steht und nicht rechts. Sie versucht ein cooles scharfes Wendemanöver, das Wonderful Days Mon Amour mit Ignoranz straft. Was zieht die denn nach rechts, wenn sie dann wieder nach links will?

Dressursusi fühlt sich missverstanden und gibt die Sporen. Das reicht dann nun endlich auch mal dem Nachwuchspferd, und das buckelt. Aber so richtig. Der ganze Ärger der letzten Wochen liegt in dieser Abwehrreaktion, und Dressursusi hat alle Mühe, ihr renitentes Pferd noch irgendwie zu halten.

Wonderful Days Mon Amour, dem der zwickende Sattel den Rest gibt, springt in die Luft und rennt dann los, in Richtung Hindernis, vor dem er abrupt bremst. Dressursusi übrigens auch. Allerdings im Sprung, nicht mit ihm.

Es scheppert laut, und unsere künftige Olympiateilnehmerin sieht Sterne, bis ihr schwarz vor Augen wird.

Da haben wir also den Salat. Dressursusi hat ein gebrochenes Schlüsselbein und eine Gehirnerschütterung. Nun liegt sie im Krankenhaus, lässt sich dort bemitleiden und sich per *Facebook* Genesungswünsche schicken, während die Chayenne sie mit dem neuesten Klatsch versorgt.

»Hast du dich um meine Sachen gekümmert?«, fragt Dressursusi besorgt die Chayenne.

»Ja, klar. Ich hab alles im Hänger eingeschlossen, weil ich deinen Spindschlüssel nicht gefunden habe. Herr Müller war gestern nicht da. Aber das können wir ja nachher rausholen, wenn du wieder draußen bist.«

Dressursusi nickt matt. Ach, es geht ihr so schlecht. Leidend dreht sie sich zur Seite.

»Wie lange darfst du denn nicht reiten?«, erkundigt sich Chayenne.

»Mindestens acht Wochen.«

»Soll ich Herrn Müller Bescheid sagen, damit er Wonderful Days Mon Amour in Beritt nimmt?«

»Ja, bitte«, schnieft Dressursusi. Das Vieh ist ja gemeingefährlich.

Mittlerweile hatte sie genügend Zeit zum Nachdenken. Bei ihr ist kein Fehler zu finden, nein, das liegt am Pferd. Das scheint total bösartig zu sein. Die ersten Verkaufsgedanken schleichen sich ein. Schon allein, weil das Kind mit dem hässlichen Schimmel die Springprüfung gewonnen hat. Wofür hat sie sich so ein teures Pferd gekauft, wenn das nicht mal anständig auf Turnieren glänzen kann? Denise hat ihr Schrott verkauft. Nein, schlimmer noch, ein bösartiges, gemeines Pferd, das ihr nach dem Leben trachtet. Vielleicht kann Herr Müller ihn noch korrigieren. Der ist ihre letzte Chance.

Seufzend lässt sie sich in ihre Kissen zurücksinken und guckt ihren *Instagram*-Account an, wo Bilder aus besseren Tagen zu sehen sind. Ach, war das noch schön. Wieso ist das jetzt alles so schiefgegangen?

Ihr Pferd ist ein Monster und sie ein missverstandenes Hascherl. Dabei waren sie doch gerade auf dem richtigen Weg. Mit Schlaufzügeln, kontrolliertem Weidegang und all den schönen Schibbi-Schabbi-Kollis. Was wird nur aus ihr? Jetzt, allein im Krankenhaus? Alles scheiße.

Zum Glück geht plötzlich die Krankenzimmertür auf, und der Prinz auf dem Schimmel tritt ein – allerdings ohne Schimmel. Es ist Hendrik mit ein paar Blumen. Oh, nein, wie peinlich, Dressursusi trägt nur Schlabberklamotten und ist nicht mal geschminkt!

Aber das scheint Hendrik egal zu sein, denn er lächelt total nett und reicht ihr die Blumen. »Wie geht's dir denn?«

»Besser«, haucht Dressursusi verzaubert, und zum Glück sagt Chayenne gerade: »Ich geh mal kurz raus.«

Auf ihre beste Freundin ist eben immer Verlass.

»Es tut mir total leid, was passiert ist. Ich habe ein ziemlich schlechtes Gewissen, weil du das Springen doch eigentlich gar nicht gegangen wärst, wenn ich dir nicht meinen Startplatz gegeben hätte.«

»Ist doch gar nicht so schlimm. Und auch nicht deine Schuld.« Na, wenigstens sagt sie in Hendriks Gegenwart mal irgendetwas Sinnvolles.

»Wer kümmert sich denn jetzt um dein Pferd?«, fragt er.

»Trainer Müller. Der macht Beritt, solange ich weg bin.«

»Ah«, sagt Hendrik, aber Dressursusi kann diese Regung nicht so richtig deuten.

»Ich muss gleich weiter, ich arbeite nebenher hinten im Kino. Vielleicht hast du ja Lust, mich da mal besuchen zu kommen, wenn du wieder fit bist.«

»Jaa ...« Dressursusi hat schon glasige Augen und Schnappatmung. Hendrik ist ja so toll!

Sie schaut ihm schmachtend nach, und Chayenne kommt nach einer Weile wieder rein. »Boah, sieht der gut aus, hast du ein Glück«, kichert sie.

Es dauert noch ein paar Tage, dann kann Dressursusi das Krankenhaus verlassen. Natürlich nicht ohne ein paar *Whats-App*-Nachrichten mit Hendrik ausgetauscht zu haben, der sich wohl schon sehr auf das Treffen freut.

Ihr erster Gang zum Stall ist allerdings trotz guter Laune und dem Herrn Müller, der ihr Wonderful Days Mon Amour vorreiten wird, irgendwie komisch.

So lange war sie noch nie von ihrem Pferd getrennt, und ob sie es noch liebhat, weiß sie auch nicht so wirklich. Dafür werden aber für die *Instagram*-Follower ein paar heiße Schnappschüsse in Chayennes Auto gemacht.

#wernenfalschensatteldraufmachtistselberschuld #ichbinwiederda #trotzverletzungstall #realequestrian #autofahrengehtnicht

Im Stall wartet schon die Teilblondierte, die sich wütend vor Dressursusi aufbaut. »Wo ist mein Sattel?«

»Was für ein Sattel?«, fragt Dressursusi verwirrt. Woher soll *sie* das denn wissen?

»Renate war auch auf dem Turnier in Bumshausen, und die schwört Stein und Bein, dass du mit meinem Sattel geritten bist. Du hast doch selbst einen! Was soll der Scheiß?«

»Ich hab deinen Sattel nicht«, antwortet Dressursusi empört, weil sie schon völlig vergessen hat, dass Chayenne ihr einfach irgendeinen gebracht hat.

»Wenn du nicht möchtest, dass ich Anzeige erstatte, dann gehst du jetzt diesen verdammten Sattel holen«, keift die Teilblondierte und stampft mit dem Fuß auf.

Anette, die Tochter von Herrn Müller, kommt hinzu: »Was ist denn hier los?«

Anklagend deutet die Teilblondierte auf Dressursusi: »Die da hat meinen Sattel geklaut.«

Chayenne fällt zum Glück noch was ein: »Doch, kann sein, dass der noch bei uns im Hänger liegt.«

»Was?«, faucht die Teilblondierte. »Wie kommt ihr auf die Scheißidee, einfach meinen Sattel zu nehmen?« Drohend baut sie sich vor Dressursusi auf und fuchtelt mit den Fingern vor ihrer Nase herum.

»War ja keine Absicht«, sagt kleinlaut die Chayenne. »Ich hab halt schnell einen nehmen müssen.«

Dressursusi dämmert es dann jetzt auch mal. »Ach, so … sorry. War ja keine Absicht.«

»Ich suche den seit zwei Wochen!«, keift die fiese Frau.

»Ihr könnt doch nicht einfach irgendwelche Sättel nehmen«, schaltet sich zu allem Überfluss Anette ein. »Was habt ihr euch denn dabei gedacht? Wir haben hier schon Aushänge gehabt, wer irgendwas beobachtet hat, und eine Kamera in die Sattelkammer gehängt.«

»Aber ich war doch im Krankenhaus«, jammert Dressursusi. Alle sind unfair zu ihr; sie kann doch gar nichts dafür.

So ein Stall ist doch ohnehin nichts als ein großes Leihhaus. Und wer nichts verleiht, der ist ein blödes Einzelkind, das einfach nicht teilen kann.

Kein Strick vor der Tür zu finden, wenn man nur mal eben schnell Pferde rausbringen will? Gar kein Problem – schnell der Griff zur Nachbarbox, der Nachbar hat schließlich auch Stricke. Und Gerten. Zügel hat er auch. Und Putzzeug!

In einem Stall liegt mehr als genug Zeugs rum, da kann man doch problemlos mal zufassen, so unter Amigos! Fragen? Nee, das hält auf. Man weiß doch, dass der Boxennachbar immer nur abends kommt. Und man ist doch mittags da. Das merkt der gar nicht. Ein Verbrechen ohne Opfer. Und überhaupt, dem hat man letztens auch erst was geliehen, als er nach einem Hufkratzer gefragt hat.

Im Stall ist das völlig normal, und die Lektion hat man rasch verinnerlicht. Kleinteile, die Leute gerne ungefragt ausleihen, werden von nun an in knalligen Farben mit Wiedererkennungswert gekauft, damit man nicht alle paar Wochen neue Gerten, Hufkratzer, Bürsten oder Stricke kaufen muss. Die kommen nämlich am öftesten weg.

Longierpeitschen leben ebenfalls gefährlich und werden nach spontaner unerlaubter Entleihung gerne auf dem Boden der Halle oder des Platzes liegengelassen. Da regnet es dann drauf oder andere reiten drüber; niemand hebt das Ding je auf, bis es mal irgendwen stört. Da wird es dann an die Hallenbande gelehnt, und schwupp – schon gehört es allen. Falls der Besitzer die Frechheit besitzt, seine eigene Longierpeitsche nicht nur zu erkennen, sondern auch wieder mitzunehmen, wird das mit einem »Was stellt der sich so an?« quittiert.

Bekommt ein Strick Beine, gehört er ab dem Moment, da er an der Schulpferdekoppel oder Box hängt, ebenfalls jedem. Entfernt man ihn wieder, weil man seinen Strick erkannt hat, erntet man komische Blicke.

Merke außerdem: Gerten, die auf der Hallenbande liegen, sind Freiwild und dürfen von jedem benutzt werden. Genau wie Hufkratzer auf dem Waschplatz. Da steht ein Name drauf? Ach, Namen sind Schall und Rauch ... Wer soll das sein? Nie gehört! Mein Boxennachbar? Quatsch ... Der heißt doch anders. Oder?

In Zeiten der schwarzen Unisex-Helme waren auch die leichte Beute. Was nützen denn die Anfangsbuchstaben im Helm, wenn die sowieso keiner liest? Hauptsache, er passt.

Das sind alles Sachen, die nicht teuer sind ... Umso einfacher wäre es für die unautorisierten Entleiher, sich den Scheiß mal selbst zu kaufen!

Verleiht man offiziell etwas (man wird gefragt und verleiht tatsächlich), dann kann auch das nach hinten losgehen. Keine Schabracke zur Hand, weil man nur einmal im Jahr aufs Turnier fährt? Andere Leute fragen. Eigentlich auch logisch, dass man die gewaschen wieder zurückgibt. Andere geben die allerdings vollgehaart und schlammbesudelt wieder und behaupten am Ende noch: Das war schon so!

Verleiht man anschließend nichts mehr und achtet akribisch auf sein Zeug, ist man der Spießer.

Man könnte fast meinen, in Ställen sitzen nur Langfinger auf dem Pferd.

Auch Chayenne karrt jetzt endlich mal den Sattel aus dem Hänger, aber die Teilblondierte hat schon wieder was zu meckern. »Der ist ja total verkratzt!«, ereifert sie sich.

Tatsächlich, eine unschöne große Schramme ziert das Sattelblatt.

»Das war schon so«, sagt unschuldig die Chayenne, während Dressursusi nickt. Hat sie jetzt nicht so drauf geachtet. Sie hatte halt nur Augen für Hendrik. Wieso kapieren die Idioten das nicht?

»Das können wir ja über die Haftpflicht klären«, versucht Anette eine befriedigende Lösung zu finden.

»Nee, wieso?« Dressursusi bekommt Synapsenklappern. »Wenn Chayenne sagt, das war schon so, dann war es das auch. Ich glaube ihr das.«

»Ich habe sogar Bilder vom Sattel von der letzten Springstunde«, trumpft die fiese Frau auf. »Ich kann beweisen, dass ihr es wart.«

»Boah, ja, dann sagen wir das halt der Haftpflicht, und dann ist gut. Kann ich jetzt bitte zu meinem Pferd?«

Dressursusi und Chayenne stiefeln einfach davon und lassen die Teilblondierte und die konsternierte Anette stehen. Sollen die ruhig weiter über den Sattel reden. Dressursusis Eltern haben genug Geld, wen interessiert da der Popelsattel von der Trulla?

Sie hört zwar noch das Gekeife von der doofen Kuh, aber als sie endlich in die Halle kommt, ist das vergessen, denn Herr Müller reitet heute Wonderful Days Mon Amour, und das sieht richtig toll aus, was der für einen Kragen macht und wie schön der strampelt. Vor Wonne macht Dressursusi gleich ein Foto und postet es.

#dasistbestimmtkeinerollkur #geilespferd
#meinreitlehrerdarfdas
#dasisteineungünstigemomentaufnahme

Ach, was ist das schön. So kann Wonderful Days Mon Amour bald in den richtig hohen Klassen glänzen. Ob Herr Müller den beim nächsten Turnier mal vorstellen kann? Dressursusi hat nämlich, auch wenn sie es keinem sagen möchte, ziemlich Schiss vor ihrem jungen Crack.

»Oh, hallo!«, ruft Herr Müller und stoppt elegant vor Dressursusi, während Wonderful Days Mon Amour schlimmer sabbert als eine Bulldogge und außerdem nach ein paar Fliegen auf der Brust zu schnappen scheint.

»Der geht aber toll«, sagt Dressursusi stolz.

»Ja, der macht sich. Ein bisschen Beritt hat ja noch keinem Pferd geschadet. Wir haben jetzt auch mit den Seitwärtsgängen angefangen. Der wird mal ein richtig Guter. Der ist nur noch nicht genügend gefördert worden.«

»Das sieht echt schön aus«, staunt auch die Chayenne, die ihre Mutter übrigens immer noch nicht dazu bringen konnte, den Stall zu wechseln. Trotz sehr doofer Denise.

»Wann darfst du denn wieder anfangen?«, erkundigt sich Herr Müller.

»In vier Wochen erst. Der Arzt hat gesagt, das muss heilen.« Eigentlich ist Dressursusi auch ganz froh, dass sie nicht wieder auf dieses Monster steigen muss. Jedenfalls nicht sofort.

»Hattest du nicht das Turnier in Popeldorf genannt?«, fragt Herr Müller.

»Ja, schon ... Könnten Sie ihn da vorstellen?«, fragt Dressursusi.

»Ich nicht, aber meine Tochter.«

Hm, ob Anette darauf Bock hat, nach der Sattelsache?

»Die Anette reitet den gut. Sie ist gestern auch geritten. Aber du musst gucken, dass du solange wen für die Box findest, ich kann da nicht alles machen.« Herr Müller deutet in Richtung Stallgasse. »Der muss ja auch raus und alles und so ein bisschen beschäftigt werden. Vielleicht suchst du dir ein Reitmädel. Mit deiner Schulter kannst du die Stallarbeit erstmal vergessen.«

Ach was, Stallarbeit. Ständig bekommen wir zu hören, dass Reiten kein Sport ist, wir nur auf unserem Arsch sitzen und das Pferd den ganzen Job erledigen lassen. Darum hier mal eine Kollektion an Dingen, die wir auch noch tun, wenn wir uns nicht gerade herumtragen lassen. Reiter brauchen definitiv kein Fitnessstudio; unser Studio ist der Stall. Und da können wir nicht mal eben duschen und unsere coolen Shakes schlürfen. Wie aus dem Ei gepellt sehen wir auch nicht aus.

Weidejoggen
Euer Pferd steht auf der Weide, hat aber keine Lust, mitzukommen? Da bleibt nur der spontane Weidelauf. Besonders hilfreich, wenn die Weide am Hang liegt und man ein sehr konsequentes Pferd hat, das die Nummer auch mal eine halbe Stunde lang durchzieht. Raucherlungen sind hier sehr im Nachteil und verlangen nach einem Sauerstoffzelt.

Mistheben
Wir brauchen keine Gewichte, wir haben ja Mist. Und wer schon mal klatschnasses Pipistroh geschippt hat, der weiß, wie schwer das ist. Steigerung hiervon: Mist aufwerfen. Wir machen das zwar nie in einer gesunden Haltung, aber immerhin konsequent.

Kraftsport am Pferd
Spontane Frühlingsgefühle, 600 Kilo, die eben mal kurz durchstarten beim Spaziergang, dicke Viecher an langer Longe – jeder Reiter kommt in den Genuss, Tauziehen Extrem zu spielen. Er sollte theoretisch verlieren, was er in den meisten Fällen aber nicht tut. Sonst würden ja ständig lose Pferde überall herumdackeln. Reiter verlieren den Kraftakt höchst selten. Primär, weil das Pferd meistens gar keine Lust hat, wirklich davonzulaufen. Aber man kann ja mal testen, ob die Alte loslässt.

Lebertraining
Wir trainieren auch die Leber. Hauptsächlich deswegen, weil es im Stall viel zu feiern gibt. Stroh abgeladen? Yay, darauf

ein Schnaps. Turniersieg? Darauf ein Sektchen. Jemand runtergefallen? Schnell, ein Cognac, das stärkt die Nerven. Grundsätzlich gibt es in jedem Stall eine Minibar. Wenn auch nicht offiziell.

Zumba für Doofe

Wir bewegen uns ständig. Zumindest, wenn wir am Pferd stehen. Denn wir kommunizieren ja meist durch Gesten. Das kann dann auf Außenstehende schon mal wie Zumba für Doofe wirken, wenn wir da fuchteln, wackeln und springen. Aber solange unser Pferd uns versteht, ist alles tutti.

Stallcurling

Ständig sieht man Reiter mit Harken, Besen (okay, seltene Gattung) und Schaufeln umherwuseln. Die trainieren aber nicht für die nächste Curling-WM, die haben nur einen Stall-besitzer, der darauf achtet, dass sie ihren Dreck wegmachen (oder selbst einen Stall). Stallcurling kann variieren und sowohl in der Halle als auch auf der Weide beim Abäppeln beobachtet werden.

Reiter-Aerobic

Ständig klettern wir irgendwo hoch und wieder runter, und nicht nur auf das bzw. vom Pferd. Hier ein Hocker, damit man an den Sattel da oben kommt; da eine Leiter, damit man das Heu vom Heuboden holen kann. Wir klettern ständig. Und wenn nicht, heben wir Sachen hoch, die auf dem Boden liegen und schwer sind. Ja, auch Sättel sind durchaus schwer.

Königsdisziplin: Stroh-und-Heu-Domino

Heu abladen, Stroh abladen – das macht man nicht mal eben locker flockig aus der Hüfte. Schon mal gar nicht, wenn es zwei Wagen voll sind und man nur fünf Leute dahat. Trotzdem machen Reiter das. Mechanisch, monoton und ganz ohne einen coolen Fitnesstrainer, der einen anfeuert. Und hopp!

»Ich kann das ja machen«, bietet Chayenne an. »Der muss ja nicht jeden Tag noch bespaßt werden, oder?«

Mit glänzenden Augen sieht Dressursusi ihre Freundin an. Ach, die Chayenne ist einfach die Beste! Dabei hat die doch schon so viel zu tun, weil sie inzwischen endlich ihr eigenes Pferd hat.

»Ich kann ja auch mal reiten«, sagt diese freudig.

»Ähm …«, macht Dressursusi. Nee, also darauf hat sie eigentlich keinen Bock.

Aber Chayenne plappert schon munter mit Herrn Müller, während Dressursusi danebensteht und sich fragt, wann das denn jetzt aus dem Ruder gelaufen ist.

Zuhause gibt es Ärger. Die Teilblondierte hat sich bei Dressursusis Eltern gemeldet. Der Vater ist zwar auf Geschäftsreise, aber ihre Mutter musste ihre Telenovela für dieses Telefonat pausieren, und dann kommt die auch noch mit fiesen Anschuldigungen daher.

So sitzt Dressursusi jetzt in der Küche und holt sich den wohlverdienten Anschiss ihrer Mutter ab.

»Bist du denn bescheuert, die Sachen von irgendwelchen Leuten zu benutzen? Ich geb dir doch genug Geld! Wo ist das Problem, deinen eigenen Sattel zu benutzen?«

»Das war ja keine Absicht«, jammert Dressursusi.

»Was denn dann? Wie kann man denn so bescheuert sein und den dann auch noch kaputtmachen? Ich habe das jetzt an deine Versicherung gemeldet, aber das Geld behalte ich. Du kannst von deinem Geld der Dame zurückzahlen, was da an Schaden entstanden ist. Du hast ja sicher noch was von deinem Geburtstagsgeld, oder?«

Nee, hat Dressursusi nicht. Sie weiß auch gerade nicht, wofür sie das auf den Kopf gehauen hat. Also tut sie das Einzige, was sie bisher noch nicht ausprobiert hat: Sie fängt an zu weinen.

Leider zieht das bei ihrer Mutter überhaupt nicht. »Der Gutachter schaut sich jetzt den Sattel an, und dann wird geguckt, wie hoch die Rechnung ist, um den zu reparieren. Überhaupt wird es Zeit, dass du dich um solche Dinge langsam selber kümmerst. Du bist ja schließlich keine zehn Jahre alt, sondern erwachsen und dir absolut bewusst, was du tust. Wenn du deine Energie, die du ins Pferd steckst, mal in dein Weiterkommen in der Welt investieren würdest, dann hätten wir gleich viel weniger Probleme.«

So gescholten stampft Dressursusi in ihr Zimmer und knallt die Tür.

Aber da wartet schon die nächste böse Überraschung: Ihre *Facebook*-Timeline ist voll mit fiesen Worten, denn sie hat ja vorhin das Bild von Herrn Müller und Wonderful Days Mon Amour gepostet.

»Das ist Rollkur, schämst du dich nicht?«

»Wäre das mein Trainer, würde ich den vom Pferd zerren!«

»Tierquälerei! Viel zu eng!«

»Was macht der da mit dem armen Pferd? Findest du das gut?«

»Wer so was gut findet, der reitet wohl selber Rollkur.«

Total unschöne Sachen. Bei Dressursusi kullern die nächsten Tränen. Da weiß sie gar nicht, worüber sie mehr weinen soll: über die böse Schelte ihrer Mutter? Oder über die fiesen Kommentare? Und zu allem Überfluss klingelt auch noch ihr Handy.

»Hi, hier ist Hendrik!«

»H… hallo«, stottert Dressursusi schniefend.

»Ist alles okay?«, fragt Hendrik besorgt.

»Ja … alles gut. Was gibt's denn?«

»Ich wollte fragen, ob du nicht nachher Lust hast, dich mit mir zu treffen. Ich habe heute Abend frei, weil wir überbesetzt sind. Vielleicht hast du ja Lust, was trinken zu gehen?«

»Jaa«, flirtet Dressursusi in ihr Handy. »Total. Wo denn?«

»Wir können uns ja vorm Kino treffen und dann mal gucken, was abgeht.«

»Okay, machen wir. Ich freu mich. Ich muss mich nur noch eben umziehen und duschen, ich komme gerade aus dem

Stall.«

»Kein Problem, so lange kann ich noch warten«, lacht Hendrik. »Wie geht es denn deiner Schulter?«

»Gut. Ich darf nur noch nicht reiten.«

»Ach, ja, hattest du gesagt. Herr Müller reitet den jetzt, oder?«

»Ja. Und er geht richtig toll. Du musst mal gucken, ich hab 'ne *Facebook*-Seite: Wonderful Days Mon Amour.«

»Muss ich mir mal angucken.« Sie hört Hendrik tippen. »Dein Ernst?«, fragt er plötzlich.

»Ja, wieso?«

»Der reitet Rollkur. Guck dir das Bild doch mal an!« Hendrik klingt wirklich empört. »Ich hab schon öfters gehört, dass Herr Müller mit seinen Pferden nicht gut umgeht. Aber hier sieht man's ja gleich. Und das findest du gut?«

»Ist doch nur eine Momentaufnahme«, nuschelt Dressursusi. »Da saß eine Fliege auf seiner Brust.«

»So ein Quatsch. Da sind doch mehrere Bilder. Du kannst den doch nicht dein Pferd so reiten lassen. Der wird ja gestört fürs Leben. So ein junges Pferd! Wie kannst du das unterstützen?«

»Der hat schon ganz viele Pferde im großen Sport rausgebracht!«, sagt Dressursusi empört. Jetzt ist auch noch Hendrik gegen sie. Wieso ist die ganze Welt so gemein zu ihr?

»Ja, und um welchen Preis? Weißt du überhaupt, was das mit einem Pferd macht?«

»Den muss man ja nur mal gut durchstellen, damit der hört«, verteidigt sich Dressursusi. »Ich hab ja nicht so viel Kraft, da muss auch mal ein Profi ran, damit er sich weiterentwickelt. Ich bin mir nicht zu fein, Beritt zu buchen.«

»Ja, aber bei was für einem Typen? Echt, so hätte ich dich nicht eingeschätzt. Merkst du nicht, was der für einen Käse redet? Und du plapperst das nach. Mal durchstellen … Das ist der größte Unsinn überhaupt. Anlehnung kommt durch eine feine Hand.«

Doof, wenn man sich einen Reiter zum Anschmachten ausgesucht hat. Die geben einem doch glatt Kontra, wenn denen was an der Reiterei nicht passt.

»Der Herr Müller hat ja wohl genug Ahnung. Der ist auch Richter und hat schon viele Preise gewonnen.«

»Herr Müller hat vor allem Preise gewonnen, weil die Leute dieses unnatürliche Gestrampel sehen wollen. Und Rollkur ist verboten, das weißt du doch sicher.«

»Das ist doch gar keine Rollkur. Der hat nur was an der Brust gehabt«, wiederholt Dressursusi, weil ihr die Argumente ausgehen.

»Du, ich denke, wir lassen das mit heute Abend. Ehrlich gesagt kann ich solche Leute nicht ausstehen. Ich hätte dich echt nicht so eingeschätzt. Sorry, aber da hab ich keinen Bock drauf.«

Dressursusi will etwas erwidern, aber Hendrik hat schon aufgelegt.

Na, wenn das nicht ein Grund ist, gleich wieder loszuheulen.

Da hat Dressursusi nun den Salat. Sie wird auf ihrer *Facebook*-Seite und bei *Instagram* als Tierquäler beschimpft, Hendrik will nichts mehr mit ihr zu tun haben, und ihre blöde Mutter will auch noch, dass sie für den Sattel der Teilblondierten aufkommt. Und das nicht zu knapp, der Schaden ist nämlich immens, und sie muss vierhundert Euro berappen.

Die hat sie selbst natürlich nicht mal eben so. Dabei könnte ihre Mutter doch problemlos die Kreditkarte zücken, und die Sache wäre vom Tisch.

Der Supergau kommt dann, als sie kurz darauf in den Stall fährt. Da sitzt doch glatt die Chayenne auf *ihrem* Pferd.

Und Herr Müller gibt ihr Unterricht.

Dressursusi stampft wutschnaubend in die Halle. »Hallo?«, ruft sie in die Runde.

Eine Einstellerin muss ausweichen, weil sie mitten auf dem Hufschlag steht.

Herr Müller dreht sich zu ihr um, und Chayenne pariert durch.

»Ach, hi. Cool, dass du da bist.«

»Wieso sitzt du auf meinem Pferd?«

»Ich hab doch gefragt!«, erwidert die Chayenne verblüfft. »Du hast doch gesagt, ich soll mich um den kümmern!«

»Nee, das hab ich so ganz sicher nicht gesagt! Ich möchte nicht, dass Leute auf mein Pferd kommen, die nicht professionell reiten. Der war teuer!«

Chayenne guckt gekränkt und nimmt die Füße aus den Bügeln. »Das ist der Dank, dass ich hier den Stall für dich mache?«, fragt sie und steigt ab. Sie lässt die Zügel los, die Herr Müller panisch ergreift, und baut sich vor Dressursusi auf. »Ich will dir mal was sagen: Ich mache hier ständig den Deppen für dich, ich bringe dir Sachen, obwohl ich arbeiten müsste, ich fotografiere dich und mache alles für dich. Und dann tust du so, als wäre ich ein dahergelaufenes Reitschulkind, das dein Pferd verreitet? Du hast sie ja nicht mehr alle!«

»Aber ich will nicht, dass irgendwer mein Pferd reitet! Ich reite doch deinen auch nicht! Will ich auch gar nicht! Der Wally ist doch nicht mal ansatzweise ein Turnierpferd.«

Gekränkt pfeffert Chayenne die Gerte vor Dressursusi auf den Hallenboden, während Herr Müller versucht, möglichst unbeteiligt irgendwohin zu gucken. Klappt aber nicht.

»Du kannst mich mal. Leck mich am Arsch! Such dir einen anderen Idioten, der hier für dich den Stall macht.«

Wütend wirft sie auch noch die Reitkappe hin, obwohl es ihre eigene ist, und lässt Reitlehrer und Besitzerin mit konsterniertem Blick stehen, während die anderen Reiter, die die Szene beobachtet haben, mittlerweile Riesenohren haben. Na, das ist doch mal ein ansprechender Tratsch fürs Stübchen nachher. Dressursusi schreit Leute an und nimmt ihnen die Reitbeteiligung weg. Irgendwie so was in der Art.

Wütend nimmt Dressursusi ihr Pferd und stampft davon. Wonderful Days Mon Amour zuckt vor Schreck zusammen, traut sich aber nicht mehr wegzulaufen. Was das angeht, hat Herr Müller ganze Arbeit geleistet.

Dressursusi nimmt mit gequältem Gesicht Sattel und Trense ab, legt beides auf den Boden und verschwindet mit ihrem Pferd in der Box.

Wonderful Days Mon Amour ist mittlerweile übrigens so apathisch, dass er wie auf Schienen überall hindackelt.

Als sie nach Hause fährt, findet sie alles scheiße. Chayenne, Herrn Müller, die blöde Teilblondierte, ihre Eltern und ihr Pferd. Und *Facebook*. Alle sind unfair. Wahrscheinlich liegt es am Neid. Es muss am Neid liegen, denn anders kann sie sich so ein unreifes Verhalten nicht erklären.

»Du bist doch nur neidisch« ist des Reiters »Selber!«. »Selber« sagen ja sonst am liebsten Kindergartenkinder. Die Neidnummer ist ungefähr auf dem gleichen Niveau. Wieso kann man nicht mal ungestört etwas scheiße finden? Muss da immer jemand kommen und bestimmen, was man zu empfinden hat?

Für diese Leute also noch mal zum Mitschreiben. Man muss nicht neidisch sein auf Leute, die:

1. grob fahrlässig mit falschem oder selbstgemachtem Equipment im Gelände herumturnen

2. Halsringreiten im Gelände betreiben

3. in höheren Klassen unterwegs sind als man selbst (Es kann ja nicht jeder bei Olympia starten. Und wollen tut das auch nicht jeder.)

4. mit ihrem Erfolg rumprollen, obwohl er auf wackligen Beinen steht und eigentlich kein wirklicher Erfolg ist

5. auf *Facebook* berühmt sind

Dressursusi sieht das ganz anders. Die empfindet Punkt eins bis fünf genau andersherum. Alle sind neidisch auf ihre tollen Erfolge mit Wonderful Days Mon Amour. Gut, sie macht sich ganz sicher kein Equipment selbst, und Halsringreiten ist was für Ostwindmädchen, aber der Rest passt. Schließlich ist sie ja mittlerweile total berühmt. Sie hat doch schon 3.000 Likes. Wenn das mal nichts ist.

Als Dressursusi zuhause ankommt, sitzt ihre Mutter vor dem Fernseher und fiebert bei ihrer Telenovela mit. Keine Zeit für das Töchterlein und ihre Probleme.

Das geht Dressursusi aber heute gegen den Strich. Und zwar so richtig!

»Mach was«, blafft sie ihre Mutter an.

»Was denn?«, fragt die, ohne vom Fernseher aufzusehen.

»Die Chayenne ist heute mein Pferd geritten. Und der blöde Herr Müller hat das einfach erlaubt! Und ich muss immer noch dieser doofen Kuh Geld geben, obwohl ich gar nichts Schlimmes gemacht habe. Und reiten kann ich auch immer noch nicht! Das ist doch kacke!«

»Wieso darf Chayenne denn dein Pferd nicht reiten?« Ihre Mutter versteht die Welt nicht mehr.

»Weil die zu schlecht reitet. Ich stecke da so viel Geld rein, damit der guten Beritt bekommt, und sie macht das alles zunichte.« In ihrem Übereifer merkt Dressursusi übrigens nicht, dass sie noch nie auch nur einen eigenen Cent in ihr Pferd gesteckt hat. »Außerdem lachen die Leute im Stall über mich. Und die tuscheln auch.«

»Das ist aber nicht schön.« Ihre Mutter hat übrigens keine Ahnung, was sie gerade gesagt hat. Die hat nur am Nörgelton erkannt, dass sie jetzt etwas Dementsprechendes sagen muss. Schließlich knutscht Hubert in der Telenovela gerade mit Bärbel. Was er nicht weiß: Das ist seine verschollene Schwester!

»Ich will, dass du die verklagst«, schreit Dressursusi.

»Wie bitte?« Ihre Mutter kommt zu sich. »Wen sollen wir verklagen?«

»Na, alle. Den Herrn Müller, weil er ja den Beritt gar nicht richtig macht, für den er bezahlt wird. Und dann die Chayenne, weil die einfach mein Pferd reitet. Und die blöde Kuh mit dem Sattel. Und die, die schlecht über mich reden.«

»Aber kannst du nicht mal mit der Chayenne reden? Ihr seid doch Freundinnen.« So langsam reicht es sogar Muttern. Nur weil Dressursusi ihre Tage hat (scheinbar vor allem im Kopf) und dazu noch Synapsenklappern, soll sie jetzt schon wieder tief in die Tasche greifen?

»Nein! Ich will nicht mehr mit der reden! Nie wieder! Sie hat mich betrogen.«

»Ja, ist ja gut«, sagt resigniert die Mutter. Schade, dann reicht das Geld diesen Monat aber nicht mehr für Karibik und Monaco. Was nimmt sie denn jetzt, wenn ihr Urlaubsetat für den Anwalt draufgeht? Ach, Monaco … Sie möchte mal wieder ins Kasino.

»Schön, ich mache morgen einen Termin mit dem Anwalt. Du kannst dir aber schon mal überlegen, in welchen Stall du dann möchtest. Herr Müller wird dich da nicht stehen lassen, wenn du ihn verklagst, das sollte dir klar sein.«

»Ja ja«, macht Dressursusi, die sowieso nur mit einem halben Ohr zugehört hat, weil sie schon geistig am Text ihres *Facebook*-Posts feilt, wo sie alle Leute als böse entlarven wird.

#falschefreunde   #meinanwalthörtdavon   #betrugimstall
#deutschesgesetzbuch

Drei Wochen gehen ins Land, in denen Dressursusi artig ihre Übungen macht, damit die Schulter bald wieder fit ist und sie endlich wieder reiten kann.

Es hat sich einiges getan. Sie zahlt jetzt nicht mehr an die Teilblondierte. Das ist der erste Schritt. Leider hat deren Anwalt ein zu Recht ziemlich freches Schreiben verschickt, demzufolge sie den Scheiß sehr wohl bezahlen muss, schließlich gibt es ja massig Zeugen.

Herr Müller hat die fristlose Kündigung geschickt. Deswegen muss sie morgen auch mit Wonderful Days Mon Amour ausziehen. Und dann noch Chayenne! Chayenne hat ebenfalls die Kündigung ausgesprochen. Per *Facebook*. Sie hat die Seite disliket, den *Instagram*-Account gleich mit, und außerdem hat sie Dressursusi bei *WhatsApp* blockiert.

Eigentlich sollte Dressursusi nun zufrieden sein, denn jetzt hat sie, was sie wollte – aber ganz das Wahre ist das irgendwie nicht. Jetzt hat sie keine beste Freundin mehr, und sie hat auch nicht viele andere Freunde, mit denen sie über Pferde sprechen kann und die sie so rundum bewundern wie die Chayenne.

Einen Stall hat sie auch nicht wirklich. Sie dürfte zwar morgen das Pferd bei einem Bauern unterstellen, aber der hat nur zwei andere Pferde und sonst nur Kühe. Keine Halle, kein gar nichts – und das ist eines Cracks wie Wonderful Days Mon Amour nicht würdig.

Wie in den letzten Tagen schon öfter, fällt ihr Hendrik wieder ein. Der, der sie so schmählich hat sitzen lassen, weil er ihre Reiterei als tierquälerisch empfunden hat.

Ob sie den vielleicht mal anrufen und die Reumütige mimen könnte? Wer weiß … Am Ende geht er dann doch mit ihr aus? Aber Dressursusi ist sich so unsicher. Und wenn er dann lacht?

Schließlich springt sie zum ersten Mal in ihrem Leben über ihren Schatten: Sie ruft Hendrik an.

»Hallo, ich bin's«, sagt sie.

»Wer ist denn ich?« Ihr letztes Treffen ist schließlich schon eine Weile her, und Hendrik hat Dressursusis Nummer prompt gelöscht, weil es ihn so genervt hat, was die für einen Käse erzählt.

»Na, Dressursusi«, sagt diese ziemlich kleinlaut.

»Ach …« Pause. »Duu? Was willst du denn?«

»Ich … ich suche einen neuen Stall.« Jetzt bloß Honig ums Maul schmieren, damit das was wird. »Ich glaube, du hattest ganz Recht mit dem, was du gesagt hast. Herr Müller ist nicht gut zu Pferden. Und die Leute da sind auch alle ganz furchtbar.«

»Und wie soll ich dir da jetzt helfen?« Hendrik scheint recht nachdrücklich verstimmt zu sein.

»Ich dachte, ihr habt vielleicht einen Platz im Stall frei. Ich habe fristlos gekündigt und Herrn Müller verklagt.« Na ja … irgendwie so ähnlich jedenfalls. »Und ich möchte nicht, dass Wonderful Days Mon Amour nur einen Tag länger in diesem schlechten Stall steht.«

Schweigen. Hendrik überlegt. Hat sie sich wirklich geändert? Nett ist sie ja eigentlich.

»Pass auf, ich frage mal meinen Stallbesitzer, ob noch eine Box frei ist, aber versprechen kann ich dir nichts.«

»Musst du ja auch nicht«, antwortet Dressursusi gönnerhaft und atmet auf. Na, das klingt doch schon mal, als würde sich das mit Hendrik hinbiegen lassen.

»Rufst du mich an?«, fragt sie zaghaft.

Hendrik seufzt. »Ja, mach ich.«

Na, hoffentlich klappt das jetzt auch, sonst ist Dressursusi morgen obdachlos. Darf der Stallbetreiber das überhaupt, sie einfach vor die Tür setzen? Das ist total unverschämt und sicher auch gegen irgendwelche Menschenrechte. Er kann ja schlecht ihre Schibbi-Schabbis auf den Gehsteig werfen. Oder?

Sie googelt das mal, findet aber nichts Eindeutiges. Auf ihrer *Facebook*-Seite häufen sich aber immerhin schon die Beileidsbekundungen.

»Sei froh, dass du da wegkommst, das war eh nicht das Richtige für euch!«

»Was für ein schlechter Mensch der Typ doch ist. An solchen Sachen erkennt man den Charakter!«

Dressursusi hat die Sache natürlich ganz anders hingestellt. Ihre Geschichte sieht so aus:

»Nachdem ich mittlerweile weiß und auch Beweise dafür habe, dass der Bereiter in meinem Stall mein Pferd mit Rollkur reitet, habe ich ihn zur Rede gestellt. Meine sogenannte ehemalige beste Freundin war ebenfalls involviert, dabei habe ich ihr vertraut, dass sie in meiner Abwesenheit mein Pferd anständig betreut – aber sicher nicht reitet. Und schon gar nicht so. Ich werde dagegen jetzt anwaltlich vorgehen und ausziehen.«

Hoffentlich hat Hendrik das auch gelesen. Denn mit dem würde sie wirklich gern im selben Stall stehen. Schmachtend starrt Dressursusi also aufs Telefon und wartet … und wartet. Aber kein Hendrik. Hat sie etwa nicht oberste Priorität bei ihm? Ihr Kopf hat schon ausgeblendet, dass Hendrik ziemlich sauer auf sie ist, weil sie in seinen Augen ihr Pferd nicht anständig hält.

Als sie schon fast empört ist, ruft Hendrik doch wieder an.

»Hi, hier ist Hendrik.«

»Hallo«, haucht Dressursusi betont erotisch. »Gibt es was Neues?«

»Ja, du kannst heute herkommen. Wir haben noch eine Paddockbox frei.«

»Cool, danke«, sagt Dressursusi artig. »Kannst du mir beim Umzug helfen?«

Hendrik glaubt, sich verhört zu haben. »Ähm … nein. Ich muss heute noch arbeiten. Das musst du schon selber machen.« Irgendwie ist er wohl immer noch nicht scharf darauf, wieder näheren Kontakt zu Dressursusi zu pflegen.

Ja, toll. Wer hilft ihr denn jetzt? Was macht sie, wenn Anette, die blöde Tochter von Herrn Müller, im Stall ist? Oder gar er selber? Oder die Teilblondierte? Die werden doch bestimmt herummeckern oder sie zusammenfalten.

So ein Mist … Sie kann doch nicht alleine da hinfahren. Wer weiß, was die mit ihr anstellen!

Dressursusi verabschiedet sich rasch von Hendrik und geht nach unten, wo ihre Mutter sitzt. Über dem Smartphone, um sich Zusatzcontent zu ihrer Telenovela anzusehen.

»Mama, kannst du mir helfen?«, fragt sie etwas kleinlaut.

»Wobei?«, fragt ihre Mutter und zückt reflexartig schon mal das Scheckheft. »Brauchst du Geld?«

»Nein, ich möchte Wonderful Days Mon Amour rüber in den neuen Stall bringen. Aber ich habe Angst, dass die Leute fies zu mir sind.«

»Also, das musst du wirklich alleine machen«, sagt ihre Mutter empört, ohne von ihrem Smartphone aufzuschauen. »Du wolltest die alle verklagen und bist alt genug, dazu zu stehen. Dann hol jetzt bitte auch dein Pferd alleine ab.«

»Aber ich brauche doch Hilfe beim Verladen.«

»Das hättest du dir überlegen sollen, bevor du alle verklagt hast.«

Dressursusi versucht es noch mal mit zitterndem Kinn und jammervollem Blick, aber ihre Mutter bleibt halsstarrig.

Also wird Papa angerufen. »Papa«, jammert sie, »ich brauche Hilfe, um mein Pferd aus dem Stall zu holen.«

»Solltest du das nicht in der Reitschule gelernt haben?«, fragt der verwirrt. Es ist mitten in der Nacht, weil er gerade in den USA ist, und er hat auch gar keine Ahnung, wie er da jetzt helfen soll. Oder was der aktuelle Stand der Dinge ist.

»Ich will nicht, dass die Leute gemein zu mir sind. Wenn die mir nun nachher noch was antun?«, behauptet Dressursusi theatralisch.

»Hör mal, Schätzchen, dafür habe ich gerade wirklich keine Zeit. Es ist hier drei Uhr in der Nacht, und ich kann jetzt auch nicht mal eben nach Hause fliegen und dein Pferd abholen. Du bist erwachsen, mach das selber.«

Unverschämtheit! Dressursusi schmeißt wütend den Hörer auf. Keiner will ihr helfen. Alle sind gemein und böse. Hendrik, ihre Mutter, ihr Vater und die ganzen blöden Leute bei Müllers im Stall. Und die Chayenne sowieso, die ist oberböse.

Was soll sie denn jetzt tun? Schließlich fragt sie auf ihrer *Facebook*-Seite um Rat. Vielleicht kann ihr jemand seelischen Beistand leisten, der aus der Nähe kommt. Bei dreitausend Leuten sollte doch irgendwer dabei sein. Und tatsächlich, es meldet sich eine hilfsbereite junge Dame in ihrem Alter: die Nicole.

Gesagt, getan. Am nächsten Morgen (wirklich auf den allerletzten Drücker) schlägt Dressursusi mit ihrer neuen besten Freundin Nicole auf und lässt den Hänger vorfahren. Das macht die Nicole, weil die das viel besser kann. Sagt sie.

Es werden erstmal zehn Kilo Schabracken verstaut, und zum Schluss wird nach dem Pferd geguckt. Das sieht irgendwie komisch aus. Benimmt sich auch komisch, denn er hat keinerlei Lust zu kooperieren, wird sogar wütend, als Dressursusi ihn halftern will und an ihre Grenzen stößt, weil die Schulter noch nicht so richtig beweglich ist.

Wonderful Days Mon Amour trampelt sie beinahe nieder und sprintet aus seiner Box zur gegenüberliegenden, die leer steht. Dort säuft er erst einmal den Wassereimer leer, denn was Dressursusi nicht weiß: Familie Müller hat keinerlei Interesse mehr daran, ihr Pferd zu versorgen, und das teure Wasser wird schon mal gar nicht an das Pferd dieser ollen Zicke verschwendet.

Ratlos schaut Dressursusi zu, kann Wonderful Days Mon Amour aber, nachdem er den Eimer geleert hat, wieder einfangen. Allerdings kommt da gerade die Anette um die Ecke.

»Was machst du da?«, blafft sie.

»Mein Pferd holen«, antwortet Dressursusi böse.

»Und was tust du in der falschen Box?«

Dressursusi führt ihr Pferd hinaus und schaut weiterhin grimmig. Aber Anette hat eben keine Angst vor ihr.

»Du hast die ganze Tür verschrammt«, behauptet sie außerdem.

»Das war ich gar nicht«, antwortet Dressursusi empört.

»Na klar, das war vorhin noch nicht so, als ich die Pferde rausgebracht habe.«

Zum Glück kommt ihr die Nicole zu Hilfe, die sich schon gefragt hat, wo Dressursusi eigentlich bleibt.

Anette mustert die Fremde eingehend, kommt aber zu dem Schluss, dass sie das Theater nicht vor Zeugen fortsetzen will und verkrümelt sich. Immerhin etwas.

»Ist alles in Ordnung?«, fragt Nicole.

»Ja, lass uns nur schnell fahren.« Dressursusi ist immer noch völlig durch den Wind, auch von Wonderful Days Mon Amours Verhalten. Das hat der doch schon ewig nicht mehr gemacht. Hoffentlich hat der Herr Müller ihn nicht ganz verkorkst. Mittlerweile glaubt sie Hendrik nämlich, dass solche Reiterei schlecht ist. Stand auf *Facebook*, und was da steht, muss ja wahr sein.

»Okay«, sagt Nicole. »Zu welchem Stall denn?«

»Zum Reitverein Sommerhof.«

»Ach, aber warum stehst du denn da?«, fragt Nicole. »Also ich halte mein Pferd ja im Superstall Pommesrüttler, und da ist alles viel besser.«

Unterdessen führen sie Wonderful Days Mon Amour, der jetzt auch ein bisschen erträglicher ist, nachdem es Wasser gab, auf den Hänger.

»Warum hat der denn kein Nobel-Halfter aus der Klöten-lachs-Kolli?«, fragt Nicole nun. »Das sind die besten Halfter, das weiß doch jeder.«

Tja ... Da hat Dressursusi nun den Salat.

Reiter sind im ständigen Konkurrenzkampf. Nun sollte man meinen, dass die sich sportlich messen. Nein, falsch gedacht. Kaum einer ist wirklich auf dem Platz in ernsthafter Konkurrenz unterwegs. Das wäre ja sogar positive Konkurrenz, gegen Sportsgeist ist ja nichts einzuwenden; und wenn man nicht gewinnen will, braucht man ja auch nicht wirklich ständig aufs Turnier zu hecheln.

Doch auf diese Weise konkurrieren Reiter nur selten. Da macht es auch kaum etwas aus, ob es Männlein oder Weiblein ist. Die sind alle gleich behämmert.

Heutzutage ist alles nämlich ganz anders, als es früher war. Früher wurde mit den Pferden an sich konkurriert – Schulpferd gegen Reitbeteiligung am Privatpferd usw. Heute ist es seltener das Pferd, mit dem man prahlt. Es ist das Drumherum.

Am beliebtesten sind die Kämpfe, wer sein Pferd am Tollsten hält. Irgendwer muss da einfach immer den Lümmel auspacken. Am liebsten natürlich ungefragt. Wie ein waschechter Exhibitionist. Total schmerzfrei rauschen sie in eine Diskussion hinein und erzählen was von ihrem tollen Aktivstall. Loten noch schnell aus, wie alle anderen ihr Pferd halten, um dann mit einem seligen Lächeln da zu sitzen, sich selbst auf die Schulter zu klopfen und zu sagen: Ich bin ja schon supertoll, wa?

Sie können gar nicht anders. Lustig wird es allerdings, wenn andere meinen, ihr Pferd würde besser gehalten. Schon ist Kirmes, es wird beleidigt und gestichelt, und am Ende plärrt einer.

Dasselbe gilt für Fütterung, Sattel und Hufbearbeitung. Und natürlich für die Zäumung. Nun wäre es ja eigentlich sehr zu begrüßen, dass sich so viele Reiter um die bestmöglichen Haltungsbedingungen und das bestmögliche Equip bemühen – aber das ist oft genug das grenzdebile Geblubber von Leuten mit dem IQ einer Spitzmaus (Entschuldigung an dieser Stelle an alle mitlesenden Spitzmäuse). Hohle Phrasen, nichts dahinter. Warum das Pferd dieses oder jenes bekommt, weiß der Reiter gar nicht; es geht nur darum, sich damit zu profilieren. Dass andere Dinge hilfreicher (aber verpönter) sind, das kommt nicht an. Wie soll man denn sonst mit all den Cracks konkurrieren, die *noch* pferdefreundlicher sind als man selbst?

Während dieser Kampf tobt, gibt es auch noch andere Baustellen. Die kennen wir immerhin seit Jahrzehnten. Ich hab die schönste Schibbi-Schabbi, ich hab das meiste Geld, seht mich an. Gerne garniert mit: Ich hab drölftausend Follower bei *Instagram* (das ist dann wiederum neu), aber im Endeffekt heißt all das: Schaut mich an, ich bin so toll, gebt mir einen Preis. Wofür? Na, dafür, dass ich auf der Welt bin und mit meiner Tolligkeit euer aller Leben erblühen lasse. Und mit meiner Schibbi-Schabbi, die 30.000 Euro gekostet hat, weil da jemand ein paar Bling-Bling Steine draufgehustet hat. Würfelhusten mal anders.

Wenn das nicht zieht, kann man immer noch die Fans hervorzaubern. Wenn man jedoch gerade kontrovers diskutiert, hilft es nichts, auf die 6.000 Fans zu verweisen, die man bei *Facebook* oder *Instagram* hat.

Ansonsten konkurrieren manche Reiter auch noch ganz oldschool. Mit Abstammung und Erfolg. Und der Tatsache, wie teuer der Gaul mal war. Wir erinnern uns: Money, Money, Money. Ab und an kommen die Erhabenen um die Ecke und belächeln alle Pferde ohne Papiere, oder solche Kretins wie Traber oder Galopper. Gott bewahre … Poste bitte dein hässliches Shetlandpony nicht in demselben Thread wie ich meinen noblen Oldenburger. Der hat nur das Allerbeste verdient.

Kann man das nicht altmodisch klären? Zum Duell herausfordern, ein paar Schritte gehen, den jeweils anderen über den Haufen schießen. Oder mit Ritterspielen. Lanze + Pferd = jede Menge Entertainment für alle Leute, denen das Konkurrenzdenken mancher Reiter einfach zu dämlich ist.

Problem gelöst.

Bei Dressursusi leider noch nicht.

Als Nicole den Wonderful Days Mon Amour und sie im Reitverein Sommerhof ablädt, hält Dressursusi sofort Ausschau nach Hendrik, der ihr zwar gesagt hat, dass er bei der Arbeit ist, was aber im Umkehrschluss nicht unbedingt heißt, dass Dressursusi das auch wahrgenommen hat. Eher nein. In Gegenwart von Hendrik (auch am Telefon) setzt nämlich das Spatzenhirn vollends aus.

Während Dressursusi ihr Pferd von der Rampe führt, hat Nicole schon wieder was zu meckern. »Also, bei uns ist ja der Parkplatz größer. Das hier ist ja total eng. Ob man da überhaupt einen Parkplatz bekommt?«

Es sind zwar mindestens fünfzig Plätze da, aber nun ja … Nicoles Reitverein liegt wahrscheinlich neben dem Lidl, dessen Parkplatz sie mitbenutzt.

Dressursusi nimmt ihr Pferd entgegen und betritt die leere Stallgasse. Im Reitverein Sommerhof stehen die Rösser nämlich um die Uhrzeit auf der Weide. Ob sie das so abkann? Sie hat doch ein Dressurpferd, kein Freizeitpferd.

Nervös geht sie weiter und ruft: »Hallo?«

Während die Nicole immer noch über den Parkplatz schimpft, der viel zu klein ist. Oder wahlweise auch zu groß, denn jetzt weiß sie gar nicht, welchen Hänger-Parkplatz sie nehmen soll. Ach, das ist aber auch alles schwierig.

Dressursusi hört Schritte, dann eine Stimme: »Ach, hallo. Du bist bestimmt die Dressursusi. Hendrik hat gesagt, du brauchst kurzfristig eine Unterkunft.«

Es ist Frau Nussbaum, die Stallbetreiberin, die bereits seit einiger Zeit wartet. Bei ihr wird nämlich Kundenservice noch großgeschrieben.

»Oh … ja, hallo«, antwortet Dressursusi. »Wo kann ich ihn denn hinstellen?«

»Wir lassen den heute mal noch nicht auf die Weide, der soll ja erstmal die anderen Pferde kennenlernen. Der kann heute auf den Paddock, und morgen geht er dann neben den anderen raus. Ist das okay für dich?«

Dressursusi hat doch keine Ahnung. Aber sie sagt mal: »Ja«, weil Hendrik es hier toll findet und der garantiert auch Frau Nussbaum leiden kann, sonst wäre er ja nicht hier.

Also wird genickt und der Dame das Pferd überlassen, die es nach hinten auf die Paddocks führt.

Als sie wiederkommt, deutet sie auf eine Box am Ende der Stallgasse. »Das ist dann deine. Komm, ich zeige dir, wo die Sattelkammer ist, und anschließend kannst du dir Stroh holen.«

»Ja, wird denn hier nicht gemistet?«, fragt Dressursusi erschrocken.

»Nein, wir sind kein Vollpensionsstall. Die Einsteller hier misten selber.«

»Kann man das nicht dazubuchen?«

»Derzeit nicht. Wir sind wirklich zu wenige. Die Einsteller hier wechseln sich auch ab, wenn man da mitmachen möchte. Jeder macht eine Woche Stalldienst und dann wieder in vier Wochen. So muss nicht jeder jeden Tag im Stall sein, und für die Pferde ist trotzdem gesorgt.«

Oh, Shit! Davon hat Hendrik mal so gar nichts gesagt! Was soll sie denn jetzt machen? Selber misten? Ernsthaft? Das hat Dressursusi in ihrem ganzen Leben noch nicht getan. Aber damit kann sie sich auch morgen noch beschäftigen.

Nicole kommt auch hinzu, mit einer der großen Taschen voller Schibbi-Schabbis.

»Wo kann ich die hintun?«, fragt sie.

Frau Nussbaum nimmt sie mit zur Sattelkammer, wo es nicht sonderlich viel Platz gibt. Eher so: Jeder zwei Sättel, zwei Trensen und ein Platz für Halfter und Putzzeug. Aber mehr gibt es da nicht. Wie soll Dressursusi denn da ihre Nobel-Kolli ansprechend präsentieren?

Oh Gott, wo hat Hendrik sie nur reingequatscht? Selber misten und keine Schibbi-Schabbis rumzeigen.

»Also, wir haben aber eine größere Sattelkammer«, sagt Nicole. Bei der ist alles größer und besser.

»Ach, das langt schon. Ich meine, mit wie vielen Sätteln willst du denn ein Pferd reiten?«, antwortet Frau Nussbaum. »Ist ja Quatsch. Guckt euch in Ruhe um, und ruf nachher bitte bei Pamela an. Die organisiert hier den Stalldienst.«

Das ist so ziemlich das Letzte, was Dressursusi will, aber sie nickt nur und trollt sich dann zum Hänger, um ihren halben Reitsportladen auszuräumen, der ums Verrecken nicht in die Sattelkammer passen will. Also, das muss sie wirklich noch mal mit der Frau Nussbaum ausdiskutieren. Vielleicht kann sie eine der leerstehenden Boxen haben? Die sind ja sicher nicht alle voll.

Als Nicole sich verabschiedet, steht Dressursusi immer noch etwas ratlos in der leeren Stallgasse und weiß gar nichts mit sich anzufangen. Soll sie schon mal reiten? Nein … Die Schulter zickt noch. Nachher wird es sicher noch viel schlimmer, wenn sie Wonderful Days Mon Amour heute schon reitet.

Na, schön, dann ruft sie doch mal diese ominöse Pamela an, deren Nummer Frau Nussbaum ihr gegeben hat.

»Hallo, hier ist Dressursusi. Ich bin neu im Stall, und Frau Nussbaum hat gesagt, ich soll dich anrufen.«

»Ach, hallo!«, begrüßt Pamela sie fröhlich. »Du rufst bestimmt wegen des Stalldiensts an, oder?«

»Ja.«

»Möchtest du dann diese Woche direkt? Da ist nämlich einer weniger, und Hendrik kann noch ein paar helfende Hände gebrauchen. Außerdem möchtest du ja sicher am Anfang dabei sein, wenn dein Pferd sich einlebt.«

»Hm«, macht Dressursusi. Eigentlich will sie *gar keinen* Stalldienst machen. Aber Hendrik ist dabei. Das ist natürlich ein Grund … »Ja, mach ich gerne.« Sie überlegt. Eigentlich möchte sie aber nicht die anstrengenden Sachen machen. »Ich habe aber Allergien, ich kann nicht alles machen.« Hat sie wirklich. Nämlich eine Hausstauballergie.

Stille am anderen Ende des Telefons.

Haben wir nicht alle so einen Allergiker im Umkreis, der immer dann passend allergisch wird, wenn es im Stall unbequem zu sein scheint? Heu abladen? Na, logisch, Heustauballergie. Stroh abladen? Dasselbe in Grün. Pflege des Schulpferde-Equips? Formaldehydallergie.

Konsequent ignorieren diese Leute ihre Allergien bis zu dem Punkt, an dem sie ihnen irgendetwas nützen. Das Pferd bekommt normalerweise das Heu fein nassgemacht, es wird nur draußen geputzt, und das Futter wird auch vorgekostet. All das, während sie ihre Allergien völlig ausblenden. Und dann aber jammernd im Stall sitzen, die Nase hochrot, die Augen tränen – ach, ich kann heute nicht. Ich bin doch so allergisch.

Fragt man sie mal, ob sie was zur Desensibilisierung gemacht haben, bekommt man als Antwort große Augen und ein: »Das nützt doch gar nix.«

Wirklich sinnvoll ist das, was manche Allergiker tun, absolut nicht, denn sonst würden sie sich das vielleicht im Vorfeld genauer überlegen. Wie wäre es mit einem luftigen Offenstall, wo sie selbst nicht in Kontakt mit dem Stroh oder Heu kommen (und wenn doch, ist es eben an der frischen Luft)? Oder ganz konsequent vielleicht nicht mehr drinnen putzen, wenn die Haare fliegen? Mal mit Mundschutz da stehen? Wobei der garantiert nicht zur Schibbi-Schabbi passt. Oder noch konsequenter: sich ein Curly Horse kaufen, da ist zumindest die Chance vorhanden, dass die Allergie sich bessert.

Nee, das wollen sie alles nicht. Eigentlich wollen sie alles so, wie es ist. Und auch nichts dagegen tun. Bisschen Mitleid nehmen sie aber gerne. Denn wer würde einen mit einer Allergie schon als faul bezeichnen? Da hat man hat doch Verständnis, wenn der arme Mensch heute mal wieder nicht reitet. Oder nicht ausreitet – ist doch Pollenzeit. Dass der Allergiker außerdem Schiss vor seinem eigenen Schatten im Gelände hat, das ist natürlich nur ein Gerücht.

Starke Asthmatiker hingegen röcheln sich dramatisch einen ab, wenn's an das Reinholen der Pferde geht, qualmen im Reiterstübchen aber eine nach der anderen.

Und dann gibt es natürlich zu guter Letzt noch die Leute, die nicht wirklich auf irgendetwas im Stall allergisch sind. Oder doch, sind sie. Nennt sich Arbeitsallergie.

So jemand ist auch Dressursusi.

»Dann kannst du ja die Späneboxen misten«, teilt Pamela ihr mit und fragt sich jetzt schon, was für ein Nervgör da wohl wieder in den Stall eingezogen ist. Solche wie Dressursusi hatten sie schon öfter, und lange geblieben sind die nie.

»Und die Weiden abäppeln kannst du, da gibt es ja kein Heu oder Staub.«

»Hm … ja«, macht Dressursusi und fragt sich immer noch, wie sie da wohl wieder rauskommt. Vielleicht mal Hendrik bezirzen, der macht bestimmt ihren Teil der Arbeit mit, wenn er sie wieder liebhat. Vielleicht ein bisschen mehr Mops zeigen, dann wird das mit dem Liebhaben sicher wieder.

»Also, ich trag dich dann ein und füge dich unserer *Whats-App*-Gruppe hinzu, da kann man sich auch austauschen, wenn jemand krank ist oder so.«

»Alles klar«, sagt Dressursusi. Oh, super. Man kann sich von dem unliebsamen Arbeitsdienst auch entschuldigen lassen. Das wird sie, falls der Hendrik-Plan nicht klappt, gleich mal versuchen.

Sie verabschiedet sich von Pamela und läuft noch ein wenig planlos im Stall umher. Sonderlich sauber ist das ja hier nicht. So viel Heu liegt da immer in den Boxen, und dann auch diese unhygienischen Späne, die total eklig aussehen, wenn da ein Pferd reinpullert. Nein, so richtig zufrieden ist Dressursusi mit ihrem Stall nicht.

Doch was soll sie tun? In ihrem alten Stall ist ja alles doof – und der Rechtsanwalt ficht gerade ihren Streit aus. Und in ihrem ganz alten Stall ist alles noch viel doofer. Bleibt ihr ja wohl nichts anderes übrig, als auf dem Sommerhof zu bleiben. Bei dieser Frau Nussbaum.

Sie entdeckt, dass es hinten einen großen Reitplatz gibt. Zwei Reiter sind darauf. Aber wie sind die denn gekleidet? Gar keine passenden Schibbi-Schabbis, und die eine hat so ein unsägliches Reit… Ding … aus Lammfell. Soll das ein Sattel sein? Zu allem Überfluss reitet die auch noch gebisslos. Und schöne Bandagen gibt es auch nicht.

Die andere ist mit Westernsattel unterwegs. So was gibt es hier? Wieso? Wo ist Dressursusi da nur gelandet? Sie hat doch angenommen, dass Hendrik in einem guten alten englischen Stall steht. Und nun? Gemischt? Nachher fängt ihr Wonderful Days Mon Amour auch noch mit diesem Unfug an und slidet munter durch die Prüfungen. Der macht doch jetzt schon nur Scheiße.

Hilfe! Ist das ansteckend, dieses Ökopad und der ganze Driss?

Eine der Reiterinnen bemerkt Dressursusi, die schockiert am Rand steht. Es ist die Westernreiterin Angelina. »Kann man dir helfen?«

»Ich guck nur so rum«, sagt Dressursusi schnell. »Ich bin gerade erst angekommen.«

Mittlerweile hat auch die ganz schlimme Ökotante angehalten. Sie sitzt auf ihrem Schimmel, als gehöre ihr die Welt. Wie die schon guckt.

In Wahrheit kann Rabea, so heißt die Schimmelreiterin nämlich, solche Dressurzicken, die nichts im Kopf haben als Schibbi-Schabbis, nicht nur zehn Meter gegen den Wind riechen, sie kann sie auch nicht leiden.

»Hi«, sagt sie trotzdem. »Ich bin Rabea.«

»Und ich bin Angelina.«

»Dressursusi«, sagt sie schüchtern und kommt sich vor wie beim Kreuzverhör.

»Was hast du denn für ein Pferd?«, fragt Rabea.

»Ein Dressurpferd«, antwortet Dressursusi, glücklich, dass endlich jemand fragt.

»Ah«, macht Rabea, die nicht wirklich überrascht ist. »Ja, wir haben ein paar Dressurreiter hier. Dann bist du nicht allein.« Okay, im Klartext heißt das: Geh bitte zu denen.

Angelina ist nicht ganz so radikal wie Rabea. »Dann hoffe ich, dass du dich gut einlebst. Und dein Pferd auch. Machst du diese Woche mit uns Stalldienst?«

»Ja.« Also, noch. Noch hat Dressursusi ja nicht mit Hendrik geschäkert, um der unangenehmen Pflicht zu entgehen.

»Cool. Dann kann ich ja nachher mit meinem Freund noch in die Stadt, wenn du dann heute machst.«

»Klar«, antwortet Dressursusi gelassen. Pah. Als ob sie sich die Hände dreckig machen würde.

Jemand kommt um die Ecke. Ein älterer Herr mit Hund und Jagdmütze. Der sieht aus, als wäre er gerade aus einem Jagdkatalog geschlüpft.

»Oh. Wir müssen mal weitermachen«, ruft Angelina noch und trabt schon prompt davon.

»So, Mädels«, brüllt der Mann aus dem Jagdkatalog. »Warmstehen gibt es hier nicht.«

»So was …«, denkt sich Dressursusi, als sie den zackigen Kommandos und bissigen Kommentaren des offensichtlich als Reitlehrer angestellten Mannes lauscht. So würde sie sich nicht behandeln lassen. Obwohl der nette Herr aus Sachsen (nicht aus England) eigentlich kaum anders unterrichtet als Denise. Herr Willhelmi heißt er, und er gibt schon seit vierzig Jahren den unterschiedlichsten Reitern Reitunterricht.

Und Unterschiede gibt es genug. Ein Querschnitt durch die Reitschüler ist auch immer ein Querschnitt durch die verschiedenen Sorten von Reitern. Schlimm, wenn die gleichzeitig auch noch Kunden sind. Kunden wollen ja wie Könige behandelt werden. Aber nicht nur diese Mentalität kann dem Reitlehrer den letzten Nerv rauben. Auch diskussionsfreudige Reitschüler, Nichtzahler oder Querulanten bringen das fertig. Betrachten wir das mal genauer durch die Augen von Herrn Willhelmi.

Die Lernwillige

Die Lernwillige kommt früh in den Stall, damit sie auch etwas anderes mitbekommt als das fertig gesattelte Pferd. Sie kann dabei allerdings durchaus anstrengend werden, wenn sie ständig Sachen fragt, beschäftigt werden möchte oder einfach im Weg steht, weil sie es noch nicht besser weiß.

Trotzdem liebt der Reitlehrer die Lernwilligen. So, wie ja auch manche Leute Erdbeermarmelade auf Gouda lieben.

Die Pfennigfuchserin

Die Pfennigfuchserin nervt. Ist der Reitlehrer zwei Minuten zu spät dran? »Ich zahl aber dann nicht die ganze Stunde. Du warst ja nicht da.« Das Schulpferd muss gewechselt werden, weil es sich in der laufenden Reitstunde vertritt? »Ich möchte einen Gutschein, oder die Zeit hintendran hängen.« Außerdem fragt sie ständig nach Rabatten, denn sie schleppt manchmal Freunde an, die auch mal eine Reitstunde nehmen.

Die Schaukel-zu-nah-an-der-Wand-Schülerin

Bei dieser Dame, egal welchen Alters, ist irgendetwas schiefgegangen. Sie stellt sich schlichtweg bei allem doof an. Ein Pferd läuft weg, weil Fräulein Träumerle es einfach nicht mehr festgehalten hat. Wer vergisst, nachzugurten? Ja, richtig. Die Schaukel-zu-nah-an-der-Wand-Schülerin. Trotz drei Ermahnungen pro Stunde. In *jeder* Stunde. Der kann man sonst was erzählen: Es geht hier rein, da raus, und es bleibt nichts haften. Alles gut durchgewischt im Hirn.

Die Besorgte

Sie sorgt sich um alles. Nicht nur um sich, nein, auch um das Pferd. »Ach, ich mag den aber jetzt nicht bestrafen, nur weil der stehen bleibt. Ich bin ja auch manchmal müde.« Und der Reitlehrer guckt zu, wie sich das Pferd kaputtlacht. Wenn die Besorgte sich gerade nicht um das eigene Schulpferd sorgt, sorgt sie sich um anderer Leute Pferde, weil man von der Halle aus ja in die Stallgasse gucken kann. Die Besorgte weint auch gerne mal ungefragt los, will dann aber nicht sagen, warum. Irgendetwas bereitet eben immer Sorgen.

Die, die keinen Unterricht braucht

Die, die keinen Unterricht braucht, ist auch nur da, um genau das jedem zu erklären. Eigentlich kann sie alles. Wenn der Reitlehrer etwas erklärt, kommt: »Ja ja, ich weiß.« Was »ja ja« heißt, wissen wir ja schon. Mit dieser Attitüde nervt die, die keinen Unterricht braucht auch alle Gruppenteilnehmer. Vor allem, weil sie eigentlich gar nichts weiß. Aber sie sagt trotzdem gerne solche Dinge wie: »Das wollte ich auch grad sagen!«

Die Chillige
Die Chillige lebt nach dem Motto: Deal with it. Das Schulpferd, das keiner mag? Mir doch egal, ich reite, was ich vorgesetzt bekomme. Sie beklagt sich nie, selbst wenn sie einen Grund dafür hätte (Oberschenkelbruch!). Aber sie hat sich das ja selbst ausgesucht, und ihr Motto ist nicht nur: Deal with it, sondern auch: Heul nicht!

Die »Ja-Herr-Lehrer«-Schnitte
Meist beim männlichen Reitlehrer zu finden. Sie haben ihn so lieb und schleimen, was das Zeug hält. Vielleicht, um mal irgendwann eine ganz private Reitstunde im Boudoir zu bekommen. Weiß man nicht. Aber wenn der Reitlehrer fragt, wer Pferd ABC reinholen kann, denn das muss gleich für einen Anfänger gesattelt werden, rennen sie kreischend davon, um den Befehl auszuführen. Manchmal kollidieren sie dabei allerdings mit der Lernwilligen, die das wirklich nur aus Lernzwecken machen will. Geht nie gut aus. Denn die »Ja-Herr-Lehrer«-Schnitte kann sehr fies werden, wenn man ihr den Platz streitig macht.

Am Abend ist Dressursusi immer noch da. Sie hat mittlerweile fünf Reitstunden gesehen und es einfach nicht geschafft, Hendrik zu erreichen. Daher kann sie sich auch nicht vor ihrem Stalldienst drücken, was schon mal doppelt uncool ist.

So sitzt sie auf dem Mäuerchen am Parkplatz und wartet darauf, dass Hendrik endlich kommt. Wenn sie schon Scheißarbeit für andere machen muss, dann will sie wenigstens, dass Hendrik dabei ist. Mit dem wird das viel leichter. Und sie muss sich ja auch noch bedanken.

Statt Hendrik kommt aber eine große blonde Frau, die sich als Pamela vorstellt.

»Du bist bestimmt die Dressursusi, ne?«, sagt sie fröhlich und schüttelt die lasche Dressurreiterhand.

»Ja, hi.« Mehr fällt ihr zu dieser Ausgeburt an unmodischen Klamotten nicht ein.

Pamela trägt nämlich eine lachsfarbene Bluse mit weißer Hose und braunen Schuhen. Ist ja furchtbar. Und dann diese Dauerwelle.

Pamela kennt jedenfalls nicht nur klamottentechnisch keine Scheu, die quatscht Dressursusi auch noch zu. Obwohl die schon lange nicht mehr zuhört, weil sie Hendriks roten Mini gesehen hat.

Also erhebt sie sich und will klischeehaft in seine Arme rennen, während Pamela immer noch labert.

Dummerweise tut das nun jemand anders: Angelina erscheint aus dem Nichts, lässt sich von Hendrik in die Arme nehmen und küsst ihn auf den Mund.

Was? Aber der wollte doch was von Dressursusi! Wie kann das sein?

Ein wenig unschlüssig steht sie jetzt herum und versteht die Welt nicht mehr. Hat Hendrik ihr falsche Hoffnungen gemacht? Ihr kommt gar nicht in den Sinn, dass sie beide schon länger nicht mehr miteinander gesprochen hatten und Hendriks Welt sich auch ganz ohne sie weitergedreht hat. Der Streit ist ihr ebenfalls entfallen.

Angelina quatscht nun jedenfalls mit Hendrik und deutet ausgerechnet auf Dressursusi. Woraufhin Hendrik das erste Mal zu ihr herübersieht und dann herkommt. Mit Angelina im Gepäck.

»Ach, hi, Dressursarah.«

»Dressursusi«, sagt sie wie versteinert.

»Ja«, meint Hendrik. »Schön, dass du heute den Stalldienst übernimmst, dann können wir mal in die Stadt.«

Angelina kichert fröhlich und hakt sich bei ihm ein. Wie gerne würde Dressursusi ihr jetzt die Augen auskratzen. Immerhin hat sie ein teureres Pferd als Angelina. Das ist ja wohl mal klar. Und wie sieht die überhaupt aus mit ihrem Stroh in den Haaren und den albernen Cowboystiefeln?

Das ist doch nicht zu fassen! Hendrik ist doch Englischreiter! Was will der denn mit so einer?

»Ich hol uns schon mal die Mistgabeln«, trompetet Pamela fröhlich, während Dressursusi zuguckt, wie Angelina mit ihren dreckigen Stiefeln in Hendriks neuen Mini einsteigt.

Nun ist Dressursusi mit ihrem Reiterlatein wirklich am Ende. Sie hat sich aus ihrem Stall geklagt, ihre beste Freundin verprellt und steht jetzt in einem blöden Selbstversorgerstall bei einem Typen, der sich überhaupt nicht mehr für sie interessiert.

Warum bloß? Sie zermartert sich den Kopf. Hendrik war doch vorher nicht so. Schnell hat sie aber den Schuldigen gefunden: Wonderful Days Mon Amour! Der ist ja immer irgendwie schuld. Jetzt vor allem, wo er sie so böse runtergebuckelt hat, dass sie nicht reiten kann. Das muss des Rätsels Lösung sein: Angelina geht Turniere, sie selbst seit ihrem Unfall nicht mehr.

Das weiß sie, denn natürlich hat sie praktischerweise Angelina schon überall gestalkt. Bei *Instagram*, bei *Facebook*, und vor ihrem Haus stand sie auch schon mal herum. Nur um zu gucken, natürlich.

Hendrik hat Dressursusi immerhin noch nicht aus seinen sozialen Netzwerken gelöscht, sodass sie nun mit dem auftrumpfen kann, was ihm entgeht. Schnell mal ein Selfie beim Sonnenbaden zum Beispiel.

#ichbindiegeilste   #meinpferdhatkeinehässlichenpunkte #dressurreitersinddiegeilsten

Ihren Mops hat sie ein bisschen gepusht, damit der nicht so mickrig wirkt, und jetzt soll der olle Hendrik mal sehen. Schließlich ist Angelina total langweilig in ihren Jeans und mit dem affigen Cowboyhut.

Ab jetzt wird auch wieder geritten. Scheiß auf die Schulter und auf die Tatsache, dass Wonderful Days Mon Amour nun schon wieder vierzehn Tage nicht gearbeitet wurde, sondern nur blöd auf der Weide stand. Über dem ganzen Ärger mit Hendrik hat sie sogar glatt vergessen, dass sie ein Turnierpferd hat, das doch bitte nicht mit diesen ordinären Tieren auf die Weide soll.

Im Stall ist sie heute sogar fast allein. Wenn man mal von Rabea absieht, die dort zu wohnen scheint. Immer, wenn

Dressursusi da ist, dann ist auch diese Ökotante anwesend. Hat die kein Zuhause?

Sie sagt ihr nur knapp »Hallo«, dann holt sie Wonderful Days Mon Amour. Oder vielmehr: Sie versucht es.

Denn ihr Pferd ist auf den Geschmack gekommen. Endlich mal Weide. Endlich mit Kumpels toben. Was willst du blödes Frauchen denn jetzt von mir? Ich arbeite nie wieder.

Dieses Szenario kennen und hassen alle: Das Pferd steht auf der Weide und möchte ums Verrecken nicht mitkommen. Dabei ist irrelevant, wie lieb wir es haben oder wie viel Futter wir dabeihaben. Entscheidend ist definitiv allein der Charakter des Pferdes. Man unterscheidet hierbei verschiedene Kategorien, die wir nachfolgend gemeinsam kennenlernen wollen. Bitte beachtet, dass Kombinationen möglich sind.

Das Ich-steh-am-Arsch-der-Welt-und-bleib-da-auch-Pferd

Bevorzugt findet man diesen Typus Pferd auf großen Weiden, gerne mit Berg. Der Reiter wird vom Zaun aus sein Pferd nicht einmal sehen, geschweige denn hören oder riechen. Selbst wenn er einen langen Fußmarsch hinter sich gebracht hat, steht sein Pferd immer noch ganz hinten, guckt aber interessiert, welcher Idiot denn da zu Fuß angekrochen kommt. Immerhin geht es nicht weg. Ist ja auch was. Und reiten will man danach eigentlich auch nicht mehr; das Sportpensum ist definitiv erfüllt.

Der Versteckspieler

Eigentlich ist die Weide gar nicht so groß. Und eigentlich kann man sich da auch nicht verstecken. Der Versteckspieler schafft das trotzdem. Wie, ist allein sein Geheimnis. Besitzer von Versteckspielern erleiden auf dem Weg zum Pferd einen halben Herzinfarkt, weil sie nach mehrmaligem Suchen sicher sind, dass ihr Pferd gestohlen wurde oder zumindest auf dem Weg zur nächsten Bundesstraße ist, während der Versteck-spieler das von seiner sicheren Warte aus beobachtet und lacht.

Der Stein

Der Stein ist leicht zu finden und neigt zum Verfetten, denn er ist eben ein Stein und hält nichts von Bewegung. Schon mal gar nicht, wenn der Reiter das will. Manchmal kombiniert er das Verhalten des Ich-steh-am-Arsch-der-Welt-und-bleib-da-auch-Pferds mit seinem Steinmodus, manchmal steht er auch blöd neben dem Tor. Aber mitkommen wird er freiwillig nicht. Mit ziehen, zerren, betteln, drohen oder Futter funktioniert das am Ende vielleicht. *Vielleicht*!

Das Ich-hol-meine-Brüder-Pferd

Dieser Typus ist mit der Nervigste, denn er geht einher mit der Gesellschaft von diversen anderen Pferden, die man auf gar keinen Fall mitnehmen wollte, die einem jedoch am Arsch kleben, als gäbe es was umsonst. Dieses Pferd hat immer Freunde dabei. Dabei ist es ganz egal, wo es steht, es animiert seine Freunde immer dazu, mitzugehen. Am liebsten steht es aber mit seinen Kumpels vor dem Tor, damit der Reiter mal erfährt, wie sich ein Schleusenwärter fühlt, der gerade viele Schiffe an seiner Schleuse stehen hat.

Der Teaser

Der Teaser tut nur so, als möchte er mitkommen, aber in Wirklichkeit will er gar nicht. So wartet er ganz gemütlich, bis sein Reiter eine Handbreit (oder eine Armlänge, man will ja die Distanz wahren) von ihm entfernt ist, und dann gibt der Teaser Fersengeld. Wenn der Teaser mit dem Ich-steh-am-Arsch-der-Welt-und-bleib-da-auch-Pferd verwandt ist, siehe dessen Beschreibung, ansonsten verhält er sich auch gerne wie das Ich-hol-meine-Brüder-Pferd. Sollten sich mehrere Leute gleichzeitig erdreisten, den Teaser fangen zu wollen, mutiert er zum Rennpferd. Egal, welche Gestalt er hat.

Die Kratzbürste

Die Kratzbürste weiß, wie man den Reiter in Schach hält, und sie wird dies auch vehement tun. Giften, steigen, auskeilen – natürlich niemals in absoluter Reiternähe, nur aus der Ferne, aber dafür imposant. Damit der Reiter gar nicht erst auf die Idee kommt, näher ranzugehen. Die Kratzbürste hat auch gerne viele Freunde und Brüder, ihr Verhalten lässt sich also wunderbar mit dem vom Ich-hol-meine-Brüder-Pferd kombinieren, und sie stachelt die anderen an, es ihr gleichzutun.

Der Dummbatz

Der Dummbatz ist immer das Pferd, das man gar nicht holen will. Aber er läuft zielsicher jedem Pferde-Reinholer auf der Koppel nach und möchte mit. Er steht grandios im Weg, am liebsten direkt vor dem Tor, oder klebt dem Mitpferd am Hintern, um noch schnell durch den Ausgang zu schlüpfen, was ihm verdammt oft gelingt. Das ist für den Dummbatz dann auch sein Erfolgserlebnis, und er erfreut sich am Trab seines Lebens, gern auf der Straße zwischen Weide und Stall.

Zuchtgebiet Mordor

Reinholen kann man die schon. Oder vielmehr: Man kann ihnen einen Strick anlegen. Nur wird man nicht lange Freude daran haben, denn so ein echtes Pferd aus dem Zuchtgebiet Mordor hat natürlich auch ein paar richtige Gemeinheiten drauf. Zum Beispiel den Panzermodus. Der Panzermodus beinhaltet, dass das Pferd sich einfangen lässt, aber ohne Reiter ankommt. Mitten beim lässigsten Hinterherdackeln wird plötzlich der Turbo gezündet, und Zuchtgebiet Mordor legt mir nichts, dir nichts einen astreinen Sprint hin. Na ja … weg ist weg. Die findet man dann irgendwo nahe der Futterkammer wieder. Da, wo das Heu liegt.

So rennt auch Dressursusi eine Viertelstunde lang ihrem Dressurkracher hinterher, bis sich Rabea entschließt, ihr endlich mal zu helfen.

Schimpfend zerrt Dressursusi am Halfter, wobei Wonderful Days Mon Amour keine Ahnung hat, was Frauchen jetzt eigentlich so aufregt. Er hat es halt nie besser gelernt.

»Was hast'n du jetzt für ein Problem?«, will auch Rabea wissen.

»Der Scheißgaul … Immer nervt er. Ich hab so viel Geld für den hingeblättert, und wenn er nicht gerade verletzt ist, macht er Blödsinn, so wie jetzt. Siehst du?«

Wonderful Days Mon Amour hat sich nämlich empört auf zwei Beine gestellt und keilt spielerisch nach Dressursusis Kopf. Die wackelt dafür mit dem Strick herum und schreit ihn an. Sind sie nicht ein schönes Paar?

»Meinst du das ernst?«, fragt Rabea verwirrt, während sie Dressursusi zum Platz begleitet. Ganz offensichtlich hat sie die Neue beim letzten Mal völlig richtig eingeschätzt: eine verzogene Arschkuh, die ein Sportpferd hat – kein Reitpferd. Genau so behandelt sie es auch: wie ein Gerät, dass man in der Garage zwischenparken kann und bei Bedarf rausholt.

Dressursusi kann nicht mal auf die Frage antworten, denn Rabea macht sich plötzlich ganz schnell aus dem Staub, und sie steht mit Wonderful Days Mon Amour völlig allein da.

Der Fuchs guckt sie an und weiß nicht so recht, was seine Reiterin eigentlich will, denn ihre ganze Körpersprache verrät Aggressivität. Das macht dem Jungspund irgendwo Angst. Aber andersherum möchte er auch sehr gerne mal ausprobieren, ob man diese aggressive Dauerzicke in ihre Schranken weisen kann.

Er entschließt sich jedoch, das nicht zu tun, denn Wonderful Days Mon Amour ist im Grunde seines Herzens ein nettes Pferd mit gutmütigem Charakter. Es nervt ihn nur, wenn seine Reiterin ihn nicht versteht.

Dressursusi jedenfalls hat mittlerweile den Puls eines Achtzigjährigen beim spontanen Marathon kurz vor dem Exitus. Dieses Biest! Wo ist überhaupt die Rabea hin? Geht die jetzt bei den anderen lästern? Obwohl … Eigentlich war ja niemand da.

Zögernd bindet sie ihr Pferd an und holt den Putzkoffer. Aber es fällt ihr schwer, sich darauf zu konzentrieren, denn Wonderful Days Mon Amour zappelt plötzlich so doof herum.

Kein Wunder, seine Kumpels sind alle noch auf der Weide. Nur er muss hier herumstehen.

Er macht seinem Ärger sogar Luft, indem er laut wiehert und sich gegen den Strick stemmt. Nicht sonderlich fest, aber schon ein wenig.

»Lass das!«, faucht Dressursusi ihn an und pfeffert das Putzzeug auf den Boden.

Wonderful Days Mon Amour stolpert über den Eisenstriegel, doch er ist nicht zu beruhigen, er zappelt immer noch.

Schritte – dann ist Rabea wieder da. Und guckt so blöd. »Soll ich dir helfen?«

»Nee«, sagt Dressursusi knapp. Obwohl sie sich eben noch Rabea herbeigewünscht hat. Deren ruhige Art ist schon hilfreich, doch fragen möchte sie nicht.

Rabea geht also einfach wieder. Wohin, das weiß Dressursusi nicht. Mittlerweile ist sie völlig außer Atem und weiß nicht, ob sie auf ihr Pferd überhaupt einen Sattel legen kann. Den Kerl wird sie ganz doll ablongieren, bevor sie aufsteigt, so viel ist sicher.

Als sie mit ihrem Sattel wiederkommt, ist es ein Krampf, den überhaupt auf Wonderful Days Mon Amour zu packen, und Dressursusi ist völlig genervt, nachdem sie endlich auch die Trense irgendwie verschnallt hat.

»Du bist so ein Scheißgaul!«, faucht sie ihr erschrockenes Pferd an, das sofort einen Schritt zurück macht, weil es nicht weiß, wieso Frauchen jetzt schon wieder so böse ist.

»Hätte ich dich doch nie gekauft.«

Vorbei sind die Zeiten mit Selfies und Hashtags. Obwohl es natürlich auch zu diesem Thema welche gibt.

#schissinderbuxe #unfairesreiten
#wennmankeineahnunghatkauftmansicheinfahrrad

Dressursusi zerrt Wonderful Days Mon Amour hinter sich her und geht in die Halle. Sie ist wütend. So richtig.

Fuß in den Bügel, Versuch Nummer eins: Wonderful Days Mon Amour dreht sich weg und guckt groß.

Versuch Nummer zwei: Wonderful Days Mon Amour dreht sich im Kreis und möchte weg.

Versuch Nummer drei: Wonderful Days Mon Amour macht einen Handstand, einen Radschlag und reißt sich beinahe los, während Dressursusi nur hilflos am Zügel hängt und nicht weiß, was sie machen soll. Jetzt kommt sie nicht mal mehr auf ihr eigenes Pferd hoch.

Dann eben doch die Longe … Die hat sie in all der Hast vergessen. Schließlich wollte sie ihrem renitenten Gaul doch nur zeigen, wer der Herr im Haus ist: sie.

Die Longe wird geholt, das Pferd weggescheucht, aber es benimmt sich plötzlich mustergültig. Was ist da los? Warum rennt der nicht wie sonst herum und pupst und buckelt in einer Tour?

Des Rätsels Lösung, für alle, die nicht intelligenzunbeteiligt sind, lautet natürlich: Weide. Wonderful Days Mon Amour ist einfach ausgelastet, weil er endlich raus darf. Dressursusi ist leider intelligenzunbeteiligt, daher kommt ihr das nicht in den Sinn. Sie fragt sich höchstens, ob ihr teurer »Scheißgaul« kaputt ist. Scheinbar ja.

Ratlos macht sie die Longe wieder ab und versucht abermals aufzusteigen. Weil sie vergessen hat, darüber nachzudenken, lässt Wonderful Days Mon Amour seine Reiterin sogar hoch, verspannt sich aber merklich, als Dressursusi auffällt, wo sie sich befindet. Im Sattel. Und das letzte Mal im Sattel ist richtig mies ausgegangen, inklusive Krankenhausaufenthalt und Operation. Das tat weh und ist unangenehm. Sie reitet also ein paar Runden Schritt.

Als die Rabea um die Ecke kommt, zuckt das Pferd plötzlich zusammen. Nicht, dass das jetzt schlimm wäre; er hebt den Kopf kurz und spannt die Muskeln an. Stellt fest: Ist ein Zweibeiner, bringt Futter – und gut.

Dressursusi springt jedoch prompt ab und bleibt zitternd neben ihrem Pferd stehen.

»Oh, bist du schon fertig?«, fragt Rabea unbekümmert. »Ich hatte gedacht, wir könnten zusammen noch was rausgehen. Zum Kennenlernen und so.«

»Äh, nee«, macht Dressursusi. »Der ist mir zu frisch heute.«

Rabea runzelt die Stirn und geht wieder. Was soll das überhaupt? Bekommt die Kilometergeld? Die soll sie endlich in Ruhe lassen.

Dressursusi schaut ihr fuchsfarbenes Monster an und wirft dann einen Blick in den Spiegel. Ja, die Zeit der Selfies ist definitiv vorbei. Dafür steht jetzt was Neues auf dem Programm: Angst. Sie hat Angst vor ihrem eigenen Pferd.

Angst ist ein zentrales Thema beim Reiten, das dennoch totgeschwiegen wird, weil Reiter vor allem ein Problem damit haben, genau diesen Fakt zuzugeben. Wir sehen ja, welche Kontroverse die *Pferdeprofis* einst mit der üblen Angstreiterin ausgelöst haben. Angstreiter solidarisieren sich und behaupten, man dürfe sich nicht über Angst lustig machen, denn das wäre ja böse.

Man sollte sich jedoch über Angst lustig machen, und über den Fakt, dass man Angst hat. Denn anders überwindet man das ja doch nicht.

Es ist traurig, dass sich Leute nicht eingestehen können, wenn sie Angst haben. Das sollte unter Reitern, deren Sport nun mal gefährlich ist, definitiv möglich sein.

Noch trauriger ist es aber, wenn sie sich in ihrer Angst suhlen und gar nicht versuchen, aus diesem Kreislauf herauszukommen. Weil es doch viel bequemer ist, Angst zu haben, und die Dinge, die einem Angst machen, zu vermeiden.

Natürlich kann man manche Dinge sein lassen – es muss ja nicht jeder Reiter auf der Welt Springreiter oder Rennreiter werden, wenn das mal danebengegangen ist. Aber deswegen gänzlich aufs Reiten zu verzichten? Nee. Das kommt ja gar nicht in die Tüte. Und selbst, wenn das mit dem Reiten gar nicht mehr funktioniert – könnte man dann nicht auf Kutsche umschulen? Geht ja schließlich auch.

Nee, Angstreiter wollen das nicht hören. Die haben lieber weiter Angst. In die Halle? Nein, ist heute windig, das geht nicht. Der Platz dann auch nicht. Weil es da raschelt. Und raus schon gleich dreimal nicht. Da wird das Pferd dann in der Box gelassen, und damit hat sich das dann auch. Macht man das lang genug, kann man wegen schlechter Bemuskelung sowieso nicht mehr reiten und hat dann gleich eine neue Ausrede.

Nette Reitlehrer wollen dann immer so fiese Dinge von einem. Zum Beispiel, dass man seine Angst endlich überwindet. Im Kopf jedoch spielt sich ein faszinierendes Szenario ab, wie das Pferd nicht nur mit einem stürzt, sondern noch beim Aufstehen auf das ungeschützte Gesicht tritt und den Reiter so richtiggehend zermatscht.

Es hilft, sich das so auszumalen wie einen Michael Bay-Film. Da explodiert dann der Pferdehuf, irgendwer läuft cool von der Explosion weg, ohne sich umzugucken, und am Ende kommen Shia LaBeouf und ein Transformer ins Bild – ist immer albern genug.

Bietet man Angstreitern Hilfe an (soll ich dir dein Pferd abreiten, soll ich dir sagen, was ich gegen meine Angst getan habe etc.), winken sie ab, werden sogar teilweise böse und behaupten, dass man ihre schreckliche Angst vor dem Galopp mit der billigen Angst des anderen vor dem Galopp ja wohl gar nicht vergleichen könne. Äh … wo war noch gleich der Unterschied?

Diese Leute leben immer in dem Glauben, die eigene Angst wäre nicht nur schlimmer, sie wäre auch wichtiger!

Lieber sich noch in zwanzig *Facebook*-Gruppen mehr bedauern lassen, weil man dolle Angst hat und weil jeder Verständnis für einen haben muss. Sich in selbigem dann ein bisschen suhlen und am nächsten Tag ab in den Stall. Um dort wieder nichts zu tun, weil man ja Angst hat. Gratulation. Konfliktlösung und Angstbewältigung ist echt aus der Mode gekommen.

Klar, damit kriegt man ja auch nicht so viele Dutzi-Dutzi-Kommentare auf *Facebook*.

Dressursusi hat also Angst. Das wird ihr spätestens am Abend zuhause klar. Doch wie soll sie das jetzt regeln? Sie macht sich ein wenig im Internet schlau und scrollt auch durch ihre eigene Seite, wo sich die Fans bereits fragen, warum sie schon so lange nichts mehr gepostet hat. Das geht doch nicht.

Gerade jetzt, wo die Chayenne nicht mehr da ist und der blöde Hendrik eine Westernreiterin zur Freundin hat, hätte sie gern ein wenig Mitleid.

Also postet sie ihr Leid auf *Facebook*. Dass sie Angst vor ihrem Pferd hat, wegen des schlimmen Unfalls, bei dem sie beinahe gestorben wäre (das Pferd natürlich gleich mit).

Prompt purzeln die Antworten nur so dahin: »Du schaffst das.«
»Nimm guten Reitunterricht bei einem Lehrer, der dich dazu bringt, die Angst zu vergessen.«

»Du könntest ein bisschen Bodenarbeit machen.«

»Stürz dich in Arbeit, nenn sofort ein Turnier, mach weiter. Je länger man wartet, desto schlimmer wird die Angst.«

Hm … Den letzten Kommentar lässt Dressursusi sich auf der Zunge zergehen. Plötzlich erwacht auch wieder der alte Ehrgeiz. Ein Turnier! Ja! Da muss sie hin. Sie ist doch Turnierreiterin. Und Hendrik ist doch übernächste Woche auf dem Turnier in Bad Pummelhausen! Da könnte sie ihm zeigen, wie toll sie reitet und dass die doofe Angelina total langweilig ist. Wer braucht schon eine Westernreiterin als Freundin? Nein, wer *will* das schon? Hendrik doch wohl nicht, der ist Springreiter.

»Ich schaffe das«, sagt sie halblaut in die Dunkelheit ihres Zimmers.

Ha, wäre doch gelacht, wenn sie ihren störrischen Gaul nicht bezwingen könnte. Früher hätte es das nicht gegeben. Da hat sie doch auch jedes Pferd geritten, auch solche, vor denen andere schreiend davongelaufen sind.

Akribisch plant sie also nun ihr furioses Comeback in die Turnierszene.

#jetzterstrecht #yolo #ichschaffedas #werdasliestistdoof #ichreitewiederturniere.

Wenn man als Turnierreiter ein Haus aus Schleifen bauen oder sie so inflationär sammeln möchte, dass man sie als Damenbinden verwenden kann, muss der gemeine Reiter schon ein paar Regeln befolgen. Denn da können die Reitkünste noch so gut sein: Die Richter wollen manche Dinge einfach sehen.
Euer Pferd und ihr seid dabei eher sekundär. Wichtig sind bestimmte Klischees, die es zu erfüllen gilt, damit ihr künftig den nervenden TT mit Schleifen erwürgen oder rapunzelmäßig aus dem Gefängnis flüchten könnt (falls das aus irgendeinem Grund nötig sein sollte). Hier habt ihr die goldenen Regeln für den Schleifenhagel.

1) Solltest du größer als eine Gießkanne, aber kleiner als dein Pferd im Stockmaß sein, ziehen Zöpfchen in sämtlichen Klassen bis L. Dabei ist nur sekundär wichtig, wie alt du wirklich bist. Falls Falten den niedlichen Kinderlook behindern wollen: bügeln!

2) Namen machen Leute. Sollte jemand bei dir im Dorf erfolgreich sein: heiraten. Falls das nicht geht, adoptieren lassen. Ansonsten Namensänderung. Und vielleicht einen Doktortitel in Exorzismus kaufen (das geht, kein Witz!), der dann mit verlesen wird. Klingt direkt wichtig.

3) Augenkrebs-Schibbi-Schabbis. Wenn wir schon nicht reiten können, dann müssen wir wenigstens schön aussehen. Augenkrebs-Schibbi-Schabbis lenken von allem ab, müssen aber in jedem Fall mit einem der anderen Punkte kombiniert werden, sonst stehst du da wie die Mädels von Heidi Klum und hörst: »Ich habe leider heute keine Schleife für dich.«

4) Bluse auf. Natürlich nicht gänzlich, aber ein bisschen Möpse zeigen, ist bei männlichen Richtern durchaus wichtig. Solltest du nichts in der Bluse haben oder ein Mann sein: dranpappen.

5) Kuchen und Bier bereithalten! Dein TT darf und muss die Richter bei Laune halten. Zufälliges Name Dropping ist auch machbar. Trinkfestigkeit am Bierzelt hilft ebenso gegen eine schlechte Wertnote. Aber Achtung: Wer kotzt, wird nicht platziert.

6) Hübsche Freundinnen mitbringen. Die dürfen dann entweder deinen Part aus Punkt 4) übernehmen oder den aus Punkt 5). Alternativ auch deinen Namen schreien, damit er jedem im Gedächtnis bleibt. Aber bitte Punkt 2) dabei beachten.

7) Klangvoller Pferdename. Es reicht heutzutage nicht, mit Lutz, Mäxchen oder Irmgard anzutreten. Ähnlich wie das Einhorn-Vorbild aus Buch 1 darf der Name ruhig mehrteilig sein. Und auf jeden Fall Dark, Shadow, Girl, Boy, My oder Sun beinhalten. Farben sind auch gern gesehen. Bei Farbbesonderheiten diese unbedingt mit in den Namen aufnehmen, damit die Richter wissen, dass dein Pferd nicht nur braun ist, sondern dass du dir Roan dazu einbildest.

8) Stimmung machen. Nicht mit dem, was du kannst, sondern mit dem, was du sagst. Dafür gibt es schließlich das Bierzelt. Da kann man ruhig schon mal erzählen, was man so gehört oder gesehen hat. Ob du es tatsächlich gesehen oder gehört hast, ist dabei relativ – diese Dinge dürfen auch ausschließlich in deinem Kopf stattgefunden haben. Sonst macht das doch keinen Spaß.

Sollten all diese Klischees erfüllt sein, könnt ihr euch quasi auf eurem Bett aus Schleifen zurücklehnen, denn ihr gewinnt garantiert immer wieder welche. Falls nicht: Liste zu Rate ziehen und noch mal nachprüfen. Zöpfchen? Check! Möpse? Auch da! Gut … Dann kann es ja auf Turnier gehen.

Dressursusi hat sich auch schon die passende Kolli aus ihrem Pferde-Ankleidezimmer gesucht und shoppt anschließend die Online-Stores der Reitsporthäuser leer, um ein passendes Jackett mit Bluse zu bekommen. Eins, das ihre Möpse betont natürlich.

Sonst klappt das wieder nicht mit Hendrik und den Richtern. Ha, sie wird alle Lügen strafen. Auch die doofe Rabea, die mit ihrem Ökosattel sicher bereits im Stall herumerzählt hat, was da in der Halle passiert ist.

Und wenn es bei diesem Turnier nicht klappt, dann reitet sie nächstes Mal eben Western. Dann muss der Hendrik sie doch toll finden oder etwa nicht?

Dressursusi hat zwar keine Ahnung, wie man ein Westernturnier nennt, noch was man da tut, aber einen Westernsattel bestellt sie sicherheitshalber gleich auch mal. Noch eine Einohrtrense hinterher, die hat sie in einem *YouTube*-Video gesehen, und das war cool. Aus Gründen.

Den wichtigsten Aspekt ignoriert sie nach wie vor vollkommen. Nämlich den, dass sie Angst vor ihrem Pferd hat.

Am nächsten Tag geht es ganz früh zum Stall. Auf dem Weg dahin ruft die treulose Chayenne an, aber Dressursusi geht nicht dran. Wäre ja noch schöner. Sie sucht sich jetzt neue Freunde. Vielleicht nicht unbedingt in diesem Ökostall, aber sie könnte sich mal wieder mit Nicole treffen. Die hat sie ja zum Stall der Nussbaums gefahren und findet dort alles doof. So jemanden kann sie jetzt gebrauchen: eine richtige Lästerschwester.

Dressursusi weicht knapp einem Hasen aus und nimmt dabei den Spiegel eines blauen Volvo mit, der am Straßenrand parkt, doch wen kümmert das schon? Hallo? Da war ein Hase!

Rumpelnd fährt sie auf den Parkplatz, der ziemlich leer ist, und steigt dann aus ihrem Auto aus.

Niemand da. Die Pferde sind schon draußen. Einen Knackpunkt sieht sie aber sofort: Herr Willhelmi ist hier. Vor dem hat sie ein bisschen Angst. Der Reitlehrer wird sie bestimmt volltexten, wenn er sieht, dass sie mit Wonderful Days Mon Amour nicht klarkommt.

Trotzdem geht sie ihr Pferd holen. Nur für Hendrik! Alles für Hendrik!

Wonderful Days Mon Amour ist auch heute nicht begeistert, aber er kommt mit. Er hat gut geschlafen und einen vollen Wanst, da kann er es noch gerade so verschmerzen, dass Frauchen jetzt was mit ihm machen will.

Sie bindet ihr Pferd an und lugt vorsichtig in die Halle. Aber Herr Willhelmi scheint nicht hier zu sein. Wohnt der vielleicht am Hof, und das Auto steht nur so da?

Sie sattelt in Windeseile, schmeißt eine Trense drauf und bringt ihr Pferd sogar ohne Bandagen in die Halle. Was ist denn da nur los? Wonderful Days Mon Amour muss sich richtig nackt vorkommen.

Zum Beweis, dass sie es wirklich versucht, macht sie trotzdem ein *Instagram*-Foto.

#ichschaffdas #gehtschon #gehtdochnicht #ichhabschiss #moerderpferd

So tänzelt sie also Selfies machend um das Pferd, bis es dem zu viel wird und er ein paar Schritte zurückgeht. Dressursusi ist schon wieder auf hundertachtzig. Dieses verdammte Pferd!

Immer, wenn sie den Fuß in den Steigbügel stellen will, rennt Wonderful Days Mon Amour zur Seite oder nach hinten. Dressursusi ist bereits den Tränen nahe, als Schritte vor der Halle erklingen und Herr Willhelmi in der Tür steht.

Der sagt gar nichts, sondern kommt in die Halle, hält Wonderful Days Mon Amour am Zügel fest, und Dressursusi findet sich plötzlich im Sattel wieder.

»Du musst mit einer Aufsteighilfe aufsteigen«, belehrt er sie gleich. »Der ist doch noch jung.«

Dressursusi antwortet nicht, weil Wonderful Days Mon Amour einfach losdackelt, wie er das sonst auch gewohnt ist. Sie hält unterdessen die Luft an und macht dicke Backen wie ein Hamster.

»Entspann dich mal, Mädel!«, blafft Herr Willhelmi. »Atmen. Oder hast du 'nen Stock im Hintern?«

Empört pustet Dressursusi die angehaltene Luft aus. Was ist denn mit dem alten Sack verkehrt? Sie merkt gar nicht, dass Herr Willhelmi sie von ihrer Angst ablenkt.

Sie reitet also Schritt, und der Reitlehrer will nicht verschwinden. Der steht einfach blöd in der Mitte und guckt.

»Ich habe aber doch gar keine Reitstunde«, versucht Dressursusi es, aber Herr Willhelmi winkt ab.

»Du kannst aber eine gebrauchen.«

»Quatsch. Ich reite sehr gut.«

»Bevor ich gekommen bin, bist du gar nicht geritten.«

Autsch, das saß. Aber will sie überhaupt Unterricht bei diesem Reitlehrer? Immerhin unterrichtet er auch den Schrecken aller Dressurreiter: Ökotanten mit Baumlossätteln, barhuf gehende Pferde mit Lammfellsattel und gebisslosreitende Bauerntölpel.

»Trab mal an.«

»Aber …«

»Trab an.«

Dressursusi verkrampft sich und macht einen Buckel. Aber Wonderful Days Mon Amour trabt trotzdem an, weil sie ihn auf den ersten Hufschlag lenkt.

Sofort zieht sie die Zügel bis zu den Ohren, das Gebiss gleich mit.

»Locker lassen. Der soll sich doch warmtraben.«

»Aber der wird immer schneller«, sagt sie, panisch nach Luft japsend.

»Nö. Fleißiger. Soll der im Ponytrab hinschluffen? Das ist ein modern gezogenes Pferd, der hat halt ein bisschen Gang.«

Ach, so ist das …

Dressursusi hat jetzt schon Seitenstechen. Weil sie kaum atmet, und wenn, dann nur, um nicht wegen spontaner Ohnmacht vom Pferd zu fallen. Es ist so furchtbar! Warum hat sie sich nur ein Pferd gekauft?

#Autossindauchganzcool   #imnaechstenlebenhabeichein-
andereshobby #wegmitdemgaul

Wonderful Days Mon Amour ist zwar sichtlich irritiert durch seine Reiterin, aber weil Herr Willhelmi Gelassenheit ausstrahlt, bleibt er jetzt einfach mal, wo er ist, und trabt im Zirkel um ihn herum.

»Lass die Zügel locker«, motzt Herr Willhelmi. »Sonst nehm ich sie dir weg!«

»Aber …«

»Nichts aber! In diesem Stall wird anständig geritten. Das tun alle. Wer meint, er müsse das nicht, kann sich ein anderes Quartier suchen.«

Oh, bitte nicht das schon wieder, fleht Dressursusi innerlich. Es war schon schwer genug, überhaupt einen Stall zu finden. Und ein Stall mit Hendrik ist wie ein Jackpot. Wie soll sie ihm sonst erklären, dass Angelina eine doofe Westernreiterin ist, die sich lieber einen Cowboy suchen soll?

Apropos Angelina, die steht irgendwann auch in der Tür, als Dressursusi schon eine ganze Weile getrabt ist und auch mal die Zügel lockerer gelassen hat (primär, damit Herr Willhelmi aufhört, gemeine Sachen zu ihr zu sagen, nicht etwa, weil sie denkt, dass es wirklich gut ist).

Angelina sieht ganz ernst aus. Ja, beinahe sauer.

»Hi«, sagt sie knapp zu Dressursusi, bevor sie sich an Herrn Willhelmi wendet.

»Hallo. Haben Sie zufällig gesehen, wer meinen Spiegel abgefahren hat? Der liegt in tausend Scherben auf der Straße vor dem Stall.«

Dressursusi bekommt große Ohren. Ups … Ausgerechnet Angelinas Auto. Aber hey! Das macht doch nichts. Hat es gleich die Richtige erwischt. Das ist dafür, dass sie Hendriks Freundin ist.

Angelina unterdessen ist fassungslos. »Ich hasse solche Leute. Wieso kann man nicht zu dem Unsinn stehen, den man macht? Das ist doch nicht so schwer! Ich habe diesen Monat eh schon so wenig Geld … und jetzt das.«

Herr Willhelmi verspricht, dass er die Augen offenhalten wird, und Dressursusi fragt sich gerade, ob man an ihrem Auto wohl Rückstände von Angelinas minderwertigem Nicht-Nobelkarossen-Spiegel sehen kann. Hoffentlich nicht. Sonst heult die bestimmt Hendrik vor, wie böse Dressursusi ist. Und dann hat sie schlechte Karten.

»Hast du was gesehen?«, fragt Angelina sie hilflos.

»Hm … nee. Glaube nicht«, antwortet Dressursusi knapp und hält an.

»Hab ich gesagt, dass wir aufhören?«, herrscht Herr Willhelmi sie an. »Wir galoppieren jetzt noch.«

Während Angelina schon wieder wegen des lieben Geldes jammert. Für so was hat Dressursusi ja gar nichts übrig. Arme Menschen kotzen sie an. Sollen die halt arbeiten gehen, wenn die keine Kohle haben. Ist doch nur ein Spiegel für einen altertümlichen Volvo. Wer fährt denn noch so was?

Dressursusi hat vor lauter Schadenfreude ganz vergessen, dass sie eigentlich Angst vor ihrem Pferd hat und galoppiert sogar an. Und weil Herr Willhelmi sie anschnauzt, zerrt sie ihrem Wonderful Days Mon Amour auch mal nicht den Kopf auf die Brust. Der kann nämlich eigentlich ganz gut in Anlehnung gehen. Sofern man ihn mal in Frieden lässt.

Zuhause ist Dressursusi glücklich und zufrieden. Bei Herrn Willhelmi hat sie sich zwar nicht bedankt, aber das ist ja egal. Sie hat ihre Angst besiegt und die doofe Angelina aufgescheucht. Das ist erst der Anfang. Wie wird die erst jammern, wenn sie ihr den Hendrik endlich ausspannt?

Auf ihrem Sofa liest sie glücklich all die aufmunternden Kommentare zu ihrem Post. Das Internet ist ja mal so richtig stolz auf sie.

»Siehst du, du hast es geschafft.«

Sie hat sich nämlich das Selfie im Spiegel der Halle nicht verkneifen können. So kann das Turnier kommen.

Liebevoll streichelt sie ihre Schibbi-Schabbi. Die würde sich ganz prima zu einer gelben Schleife machen, weil sie auch einen gelben Rand hat. Leider beißt sich das sehr mit dem fuchsfarbenen Fell ihres Pferdes.

Immerhin hat sie nun wieder vergessen, dass ihr Pferd blöd ist und sie ihn eigentlich gar nicht mehr haben will. Sobald er läuft, hat Dressursusi auch wieder ein ganz großes Herz.

Lächelnd schaut sie sich die Bilder von heute an. Jetzt kann ja wohl wirklich niemand mehr meckern, oder?

Oh doch! Allerdings kommt nun jemand ins Spiel, an den sie die ganze Zeit so gar nicht mehr gedacht hat.

Es klopft an der Tür, und mit einem Mal steht da ihr Vater. Ihre Mutter auch – ganz ohne Smartphone. Dabei wohnt die doch sonst quasi in ihrer Daily Soap. Ist jemand gestorben? Hoffentlich Tante Helga, die konnte Dressursusi noch nie leiden.

»Was ist?«, fragt sie.

»Wir müssen mal ein ernstes Wort miteinander reden!«, sagt ihr Vater und schließt die Tür.

»Worüber?«

»Über dein Pferd und wie du das Geld dafür ausgibst. So geht das nicht mehr.«

»Wieso nicht?« Wo ist denn jetzt das Problem? Ging doch sonst immer.

»Weil ich jetzt nicht mehr so viel verdiene. In der Firma wird umstrukturiert, und ich muss mir bald einen anderen Job suchen.«

»Ja, aber das ist doch nicht so schwer. Das kannst du doch einfach machen.«

Warum ihr Vater jetzt besonders verärgert ist, versteht Dressursusi nicht.

»Dressursusi!«, schimpft die Mutter. »Das ist ernst. Du kannst unser Geld nicht mehr so verprassen. Das versuchen wir dir gerade zu erklären. Du bist alt genug, um auf eigenen Beinen zu stehen. Du hast jetzt bestimmt ein Dreivierteljahr gar nichts gemacht. Damit ist Schluss. Wenn du dein Pferd behalten möchtest, dann musst du dafür arbeiten.«

»Aber du arbeitest doch auch nicht«, entgegnet Dressursusi entrüstet.

»Ich habe aufgehört zu arbeiten, als ich dich bekommen habe«, entgegnet ihre Mutter giftig. »Und ich brauchte nicht wieder zu arbeiten, weil dein Vater genug verdient hat. Damit ist jetzt aber Schluss. Ich suche mir auch wieder Arbeit, damit wir unser Haus behalten können. Jetzt gib die Kreditkarte her.«

Trotzig reicht Dressursusi ihr die. »Aber wo soll ich denn arbeiten?«

»Mach eine Ausbildung«, schlägt ihre Mutter vor. »Du bist alt genug. Melde dich bei der Universität an und such dir einen Nebenjob. Aber tausende von Euros für dein Pferd bekommst du nicht mehr. Ich bin schon froh, dass du momentan in einem günstigeren Stall stehst und nicht mehr in diesem überteuerten.«

Dressursusi fühlt sich vor den Kopf gestoßen. »Und wie kaufe ich mir jetzt neue Schabracken? Was, wenn das Pferd mal zum Tierarzt muss?«

»Dann sparst du dir Geld zusammen und bezahlst das. Wir zahlen dir gerne weiter die Boxenmiete, solange es geht. Aber für den Rest musst du künftig selbst aufkommen«, antwortet der Vater kühl. »Wir haben dir immer viel geboten. Da können wir doch auch erwarten, dass du nun deinen Teil dazu beiträgst, dass wir weiterhin ein schönes Leben führen können und nicht gleich das Haus verkaufen müssen.«

»Frag doch mal beim Bäcker nach«, regt ihre Mutter an.

»Beim Bäcker?«, erwidert Dressursusi entrüstet. »Und wenn mich da jemand sieht?«

»Wo ist das Problem?«

»Du würdest doch auch nicht beim Bäcker arbeiten«, keift Dressursusi. »Wir sind reich! Da kann man doch nicht beim Bäcker arbeiten.«

»Wir sind reich, weil wir beide hart dafür gearbeitet haben«, schilt ihr Vater. »Und wir waren uns auch nie zu fein dazu.«

Wütend dampfen beide Elternteile ab, und Dressursusi ist wieder allein. Eine Arbeit suchen? Wann soll sie das denn machen? Und überhaupt, wo? Keine Kreditkarte mehr? Dann ist sie ja bald so arm wie Angelina! Wütend rennt sie zum Handy und will gerade die Chayenne anrufen, aber dann fällt ihr wieder ein, dass sie ja nicht mehr mit der spricht. Auch wenn die heute angerufen hat.

Nun ist also nicht einmal mehr jemand mehr da, dem sie ihr Leid klagen kann.

Zwei Wochen später ist alles noch viel blöder. Die Teilblondierte hat nämlich anwaltlich nachgelegt, und jetzt ist Dressursusi gezwungen, den Schaden zu beheben. Post von Herrn Müllers Anwalt ist auch im Briefkasten. Das hat Dressursusi zusätzlich eingebracht, dass sie Mutterns Auto nicht mehr fahren darf, denn die teure Rechtsschutzversicherung soll abgeschafft werden, wenn Dressursusi endlich mit all ihren Eskapaden durch ist. Geld wächst ja schließlich nicht auf Bäumen.

Rabea, die zu nett ist, um durchgehend arschig zu sein, hat Dressursusi vorgeschlagen, dass sie vielleicht ein paar Sachen verkaufen könnte. Bei EBäh.

Das stellt sich als allerdings als schwieriger als gehofft heraus.

Wir alle lieben ja EBäh-Kleinanzeigen, denn die haben ja immer etwas Günstiges im Angebot, das nicht weit von uns entfernt ist. Ob nun Hänger, Putzzeug, Sättel oder Pferde, da gibt es einfach alles. Wir selbst können dort natürlich auch inserieren, ganz egal, was wir verkaufen wollen. Männer, Sexsklaven, Shetlandponys – Grenzen? Quark.

Dennoch meidet fast jeder Reiter die EBäh-Kleinanzeigen spätestens nach dem dritten Verkauf. Warum? Wir versuchen das mal:

»Willensstarkes Pony, gut gefördert, E siegreich, A vorgestellt, Offenstall, super verträglich, 1,37 m; 4.000 Euro VHB«
Nachdem uns sieben Kamele und ein kaputter Golf geboten
wurden, kommt die erste Interessentin, die uns Geld bieten
will. Wahnsinnige 500 Euro, denn mehr ist das Pferdchen
ja nicht wert. Kind könnte rauswachsen, und man sieht ja
auch die Fehlstellung beim einzigen Bild (überm Sprung).
Nein, danke. Nachdem man auch die drei Anfragen, die in
50-Euro-Raten zahlen wollten, abgewimmelt hat, meldet
sich noch ein 12-jähriges Mädchen, das fragt, ob man
nicht ein großes Herz hat und ihr das Pony schenkt. Sie
würde sich nämlich totaaal gut darum kümmern. Vielleicht
später …

Verkaufen wir erstmal etwas anderes.
»Gut erhaltener Sattel aus der Schießmichtot-Reihe. Lag
perfekt auf Vollblut mit viel Widerrist. Gebrauchsspuren
dem Alter entsprechend. Preis: 250,00 Euro, verhandelbar;
natürlich Maße angegeben.«
Dieses Mal gibt es nur ein Kamel, aber immerhin zwei Sets
für Winterreifen. Kann man auch gebrauchen. Aber nur, wenn
man einen Monstertruck fährt, jedenfalls suggeriert das die
Reifengröße. Anschließend fragt uns eine dicke Frau (woran
wir das sehen können? An ihrem *WhatsApp*-Profilbild), ob
der denn auch baumlos ist. Und sie hätte einen Freiberger,
würde der Sattel dem wohl auch passen?

Nächster Versuch:
»Reithose der Marke Supertoll in Größe 38, ist mir leider
deutlich zu groß; nur einmal angezogen. NP 110,00 Euro,
möchte noch 80,00 Euro dafür. Versand inklusive.«
Merke: Es gibt keine Kamele im Tausch für Reithosen. Auch
keine Autoreifen. Aber man möchte trotzdem tauschen,
gegen eine ranzige Uraltreithose in Kleidergröße 48. Hm, ja,
die wird sicher passen.

Dann wird gefragt, zu welcher Kolli die denn gehört und zu welcher Schibbi-Schabbi die passt. Das weiß ich leider nicht. Antwort: »Passt die denn auch zur Iceblue-Kolli?«
Weißichnicht! *Gnah*!
»Nee, dann will ich die nicht.«

Dann nehmen wir halt beim nächsten Mal eine Trense. Mit einer Trense kann man nix falsch machen. Oder?
»Verkaufe schöne cognacbraune Trense, inkl. Reithalfter und Zügel. Ist meinem Pferd leider zu klein. Wie neu, war nur einmal am Pferd. Größe VB, fällt aber klein aus. NP 50,00 Euro, möchte 25,00 Euro.«
Keine Kamele. Dafür jemand, der uns im Tausch ein paar dreckige Bandagen von der berüchtigten Nobelfirma geben will. Die sehen allerdings aus, als hätte jemand damit den Fußboden einer Messi-Wohnung geputzt. Nein, danke!
Nächste Anfrage: »Die gibt es derzeit aber für 30 Euro neu beim Reitladen!«
Ja, dann kauf die doch da!
»Wollte ich dir ja nur sagen. Ich nehme sie dir aber für 10 ab.«
Ähm … nein!

»Verkaufe Nobel-Schibbi-Schabbi aus der pissgelben Kolli. 2.500,00 Euro weil Sonderkolli!«
Gekauft!!! Da wird dann nicht einmal mehr diskutiert.

Deswegen verwundert es auch fast gar nicht, dass Dressursusi für drei Schibbi-Schabbis und drei Pakete Bandagen in den angesagten Farben Innereienrot, Schamhaarschwarz und Flitzekacke verdammt viel Kohle bekommt. Sogar recht zügig. Falls diese Leute denn wirklich überweisen, kann sie schon mal ihr Nenngeld fürs Turnier bezahlen und auch noch einen Teil für die blöde Teilblondierte zurücklegen. Die letzten Kreditkartenzahlungen fürs neue Turnieroutfit haben die Eltern zum Glück noch nicht gesehen.

Wie sie nun allerdings, ohne Muttis Auto zu benutzen, zum Turnier fährt, weiß sie noch nicht genau. Vielleicht mal die Nicole fragen? Schnell eine *WhatsApp* von der Bande geschrieben, denn da steht sie gerade und versucht, irgendwen zum Lästern zu animieren. Will aber hier in diesem Stall nicht recht klappen. So ein Mist aber auch.

Sie erstarrt, als Hendrik plötzlich in die Halle geritten kommt.

Außer ihm sind noch zwei andere Reiter in der Halle, die Stunde bei Herrn Willhelmi haben, also bleibt er vor Dressursusi, Rabea und noch zwei anderen Mädels stehen.

»Will jemand mit ausreiten? Das Wetter ist so schön.«

»Ich!«, kreischt Dressursusi voller Vorfreude. Super, allein mit Hendrik in den Sonnenuntergang reiten. »Ich hol nur schnell mein Pferd!«

Sie dampft ab. Hört aber die vernichtenden Worte trotzdem genau, denn Rabea sagt laut und deutlich: »Ach, komm, ich geh auch mit. Ich habe heute keine Lust auf die Halle.«

Nein. Nein! Das geht nicht! Nicht Rabea. Irgendeins von den Hohlbroten … okay. Aber nicht Rabea. Die ist doch so dicke mit Angelina, und die petzt bestimmt sofort, wenn Dressursusi sich an Hendrik heranmacht.

Mit gemischten Gefühlen rennt sie zur Weide und verarztet Wonderful Days Mon Amour im Schweinsgalopp. So schnell hatte sie ihr Pferd noch nie fertig. Während Rabea noch an ihrem dreckigen Pony rumschrubbt, ist sie bereits auf dem Weg zu Hendrik. Ein bisschen Schritt neben ihm reiten ist sicher Balsam für ihre arme, geschundene Seele.

Eine der Reiterinnen ist bei Herrn Willhelmi fertig, die reitet leider schon an seiner Seite.

Und dann fragt Hendrik ausgerechnet die: »Gehst du auch noch 'ne Runde mit raus?«

»Ach«, sagt sie. »Nee … lass mal. Das sieht aus, als wenn es bald regnet.«

Zu erwähnen ist, dass draußen der strahlendste Herbstsonnenschein herrscht, den die Welt je gesehen hat.

»Schade«, meint Hendrik, und dann ist Dressursusi heran. Zum Glück lässt sich die Trulla mit dem hässlichen Schecken gleich zurückfallen und geht woanders Schritt.

»Schade, dass Svenja nicht mitgeht«, findet jedenfalls Hendrik. Dressursusi sieht das ganz anders.

»Aber da kann man nichts machen«, fährt er fort und senkt dann die Stimme, sodass Dressursusi das Gefühl hat, etwas ganz Exklusives zu hören. »Die hat nur Schiss vorm Gelände. Jedes Mal hat die eine andere Ausrede. Ich glaub, das Pferd sieht nur die Halle. Die hat außer Turnieren nichts im Kopf.«

Mit einem Schecken? Ha, da kann Dressursusi nur drüber lachen. Aber Hendrik schweigt jetzt ganz plötzlich. Wahrscheinlich ist ihm gerade aufgegangen, dass Dressursusi außer Turnieren auch nichts im Kopf hat. Wenigstens kommt sie mit ihrem Pferd jetzt endlich mal raus.

Wir wissen ja schon, warum Turnierreiter nicht ins Gelände gehen. Das hat schließlich ein paar unangenehme Überraschungen parat, denen wir eigentlich auch niemals begegnen wollen. Dennoch ist es stets so, dass wir garantiert auf diese treffen. Nicht nur, dass unsere Pferde diese Gefahren magisch anziehen, sie sehen sie auch immer. Vor allem dann, wenn sie eigentlich nicht da sind.

Da ziehen sie also von dannen, die Turnierreiter, und rümpfen hinterher die Nase, wenn wir klatschnass auf den Hof geritten kommen. Wofür wir nur ein »Ich hab's ja gesagt« ernten. Und sie haben es auch wirklich gesagt, das alles.

<u>Das Wetter</u>
Gerade im Herbst ist das ja schon ein unkalkulierbares Risiko, denn wir Geländereiter können entweder komplett durchnässt oder vom Blitz getroffen werden. Alternativ können wir auf einen Tornado treffen, Hagelkugeln so dick wie Tennisbälle auf den Kopf bekommen oder vom Winde verweht werden. Das Wetter ist selten passend, und wenn es

mal angenehm ist, kommt das Viehzeug und piesackt uns. Womit wir beim nächsten Thema wären.

Das Viehzeug

Wenn es mal nicht zu heiß, zu kalt oder zu stürmisch ist, ist es ja eigentlich genau richtig. Aber halt – nicht nur für uns. Auch für sämtliche Insekten, die wir uns vorstellen können, und noch ein paar viel gemeinere. Bremsen, Mücken, böse Schmetterlinge, eben alles, was nicht nur uns, sondern auch das Pferd aufregt. Alternativ wird man von Wespen verfolgt oder ist ständig damit beschäftigt, das durchdrehende Pferd wieder zu beruhigen, weil sämtliche Bremsen im Umkreis damit beschäftigt sind, es zu piesacken.

Das Gelände an sich

… ist ja auch nicht immer schön. Manchmal muss man sich durch geschotterte Wege wühlen, findet Sackgassen oder stößt auf Hindernisse, die man mit dem Pferd einfach nicht überwinden kann. Die vielgelobten Reitwege sind nämlich in manchen Regionen Deutschlands echt selten. Da muss man schon mal als Naturhindernis über eine Kühltruhe springen, die irgendein Trottel im Wald abgeladen hat.

Die Geräusche

Mal davon abgesehen, dass Menschen im Gelände grundsätzlich blöde Geräusche machen müssen (tröten, husten, schlurfen, röcheln und in die Hände klatschen), macht das »draußen« an sich erschreckende Geräusche. Im stillen Wald knackt immer irgendetwas, sodass das Pferd rasch an nervösen Zuckungen leidet und beim ersten Kaninchen im Unterholz bei Mutti auf den Arm will. Und dann sind da ja noch die menschengemachte Geräusche: Autos, Gesellschaften, Fahrradfahrer mit Klingeln, Kinder … einfach alles!

Die Menschen

Ja, Menschen sind ein Hindernis, zumindest im Gelände. Die stehen blöd auf Galoppstrecken herum, brüllen laut neben einem oder lassen ihren Hund Pferde jagen. Wenn sie nicht zu Fuß unterwegs sind, wird es noch schlimmer, denn dann sind sie motorisiert und versuchen gerne mal zu ergründen, wie nah man eigentlich an ein Pferd heranfahren kann, ohne dass es etwas macht. Und wenn das nichts hilft, haben sie immer noch eine Hupe, wahlweise auch einen Motor, den man aufjaulen lassen kann.

Wir selbst

Wir selbst sind auch manchmal keine große Hilfe, schon mal gar nicht, wenn wir auf einem völlig entnervten Pferd sitzen, das gerade schon piaffierend über den Zebrastreifen trötet, weil das weiße Zeugs da auf dem Boden einen bestimmt gleich angreift. Und da sitzen wir und jammern, weil wir keinen schönen Ausritt machen können, tun es aber trotzdem immer wieder.

Dressursusi überlegt gerade, wann sie eigentlich das letzte Mal draußen war, als sie die Hofausfahrt zu dritt passieren. Außerdem wird noch darüber nachgedacht, wie man Rabea möglichst effizient loswird. Ein Tackle? Nein, nicht ihr Stil. Momentan fällt ihr nichts Kluges ein.

»Ich bin ja froh, dass du doch noch davon abgekommen bist, bei diesem bekloppten Müller zu reiten«, sagt Hendrik gerade. »Dein Pferd wird es dir danken. Der Müller ist bekannt dafür, Jungpferde total kaputtzukriegen. Und deiner ist ja wirklich noch ein Jungspund. Der hat noch alle Zeit der Welt.«

Dressursusi denkt im Stillen nur: Was für ein Spinner. Wann soll sie denn mit dem in Aachen reiten? In dreihundert Jahren? Früh lernen ist schließlich wichtig, sonst lernt der fiese Gaul das ja nie.

»Hast du das Turnier in Bad Pummelhausen genannt?«, wechselt Dressursusi das Thema.

Hendrik nickt. »Aber ich weiß noch nicht, ob ich hinkann. Angelina hat an dem Tag auch Turnier und braucht den Hänger. Letztes Mal hat sie schon verzichtet.«

»Ich kann dich ja mitnehmen«, trumpft Dressursusi auf.

Rabea reitet hinter den beiden und hat nach ungefähr fünf Minuten Geschmachte von Dressursusi genug. Deswegen kraucht die also immer noch hier rum. Normalerweise hätte eine wie die doch schon nach dem ersten Stalldienst den Stall gewechselt.

Sie guckt also schweigend ein bisschen weiter zu, wie Dressursusi affektiert lächelt, den Kopf in den Nacken wirft und noch affektierter kichert. Dabei bekommt sie nur die Hälfte von dem mit, was die beiden da reden.

Dann kommen sie an ein Stoppelfeld, und Rabea kann gar nicht so schnell gucken, wie Dressursusi weg ist. Der verdutzte Hendrik übrigens gleich mit, denn sein Pferd hat sich mal eben gedacht: Jau, da geh ich mit. Wen interessieren schon Vorschriften?

Reiter im Gelände müssten eigentlich einen eigenen Knigge haben, denn es gibt Dinge, die zum guten Ton gehören. Kennt man ja: Handzeichen zum Durchparieren, andere Reiter grüßen, nicht überholen, so was halt. Leider meint ein Großteil der Reiter, dass für sie völlig andere Regeln gelten. Diese hier nämlich:

1) Reiter sind nicht zu grüßen. Ein huldvolles Nicken (falls überhaupt), gerade hinsetzen und das Pferd am liebsten schön anpacken, damit es Kragen macht. Die anderen sollen nämlich sehen, was ihr da unter dem Sattel habt.

2) Reiter aus der Ferne kann man getrost ignorieren oder sich anschleichen, indem man durch Felder kraucht. Die hüpfen dann so lustig, wenn man von hinten auftaucht.

3) Reitwege sind Rennwege, und die kann man nur im Galopp nehmen. Egal wie viel Schotter darauf liegt oder wie viele werdende Mütter dabei umgeritten werden.

4) Andere Pferde zu überholen, bringt jede Menge Spaß in die Gruppe. Da können es alle mal so richtig knattern lassen.

5) Reitbegleithunde heißen deswegen so, weil sie den Reiter begleiten, nicht, weil die irgendeine Erziehung genossen haben müssen. Daher ist es absolut in Ordnung, wenn die über Waldwege rennen, an anderen Pferden hochspringen oder Wanderer verbellen.

6) Felder sind auch nur Reitwege.

7) Rapsfelder sind free for all und dürfen beritten und fotografiert werden.

8) Immer schön über Autofahrer schimpfen, während das garantiert nicht straßensichere Pferd über den Asphalt tänzelt, nur weil ganz da hinten ein LKW langfährt.

9) Auch im Gelände muss eine gute Figur gemacht werden, daher passen Schibbi-Schabbi und Poloshirt beim Stoppelfeldrennen natürlich zusammen. Der Helm nicht – der ist ja nicht da.

10) Zügel annehmen ist was für Weicheier, wir sind hier im Gelände. Wofür brauchen wir da hin und wieder Kontrolle?

11) Hinter fremden Reitern angaloppiert zu kommen, ist ein absolut ausreichender Gruß. Sollen die halt Platz machen, die hören doch, dass man schneller ist.

12) Hinterlassenschaften des Pferdes am besten noch platt trampeln und garantiert niemals wiederkommen – das freut

die Nachbarn. Die winken dann den nächsten Reitern, die vorbeikommen, mit der geballten Faust.

13) Das langsamste Pferd muss vorne galoppieren. Wie sollen die anderen sonst auf dem Feld einen Bogen machen und überholen?

14) Hindernisse heißen deswegen so, weil sie behindern. Davor herumstehen, obwohl es eine ausgewiesene Geländestrecke ist, ist absolut in Ordnung.

15) Man kann auch mal auf Privatgelände reiten, wenn der Weg schön ist. Das Schild kann man ignorieren. Falls man erwischt wird, einfach behaupten, man könne nicht lesen. Niemand disst Analphabeten, merkt euch das.

16) Bauern, die wütend darüber sind, dass man ihre Saat platt reitet, kann man ruhig eine falsche Adresse geben, damit sie die Rechnung dorthin schicken. Zum Glück muss man denen ja keinen Perso zeigen.

17) Im Gelände gibt es keine Vorfahrtsregeln – die eigene Wichtigkeit entscheidet allein über die Vorfahrt. Und der Platz. Feld zählt als Platz.

18) Kutschen haben gefälligst auszuweichen. Wohin? Mir doch egal! Was tun die überhaupt im Wald?

19) An Bundesstraßen darf angehalten werden. Muss man aber nicht. Blöde Autofahrer, sollen die doch mal ihre Bremsen benutzen.

20) Halsringreiten ist absolut unbedenklich und kann überall praktiziert werden. Gerne an Feiertagen auf schönen Galoppstrecken, die garantiert nicht als Reitwege ausgeschrieben sind.

Rabeas Norweger mit den Stummelbeinen kommt bei den beiden Davonrennenden nicht wirklich hinterher, ist aber außer sich, weil die Großpferde auf und davon sind.

Hendrik kommt irgendwann wenigstens wieder in Sicht; der steht mit seinem Ross am Waldrand. Dressursusi ist allerdings nicht zu sehen.

»Mann, was soll denn der Scheiß?«, schnauzt Rabea Hendrik an.

»Sorry, ich wusste nicht, dass sie so plötzlich ohne ein Wort losgaloppiert«, antwortet er entschuldigend.

Rabea seufzt. »Und wo ist die jetzt?«

»In den Wald rein, glaub ich.«

Schnitt zu Dressursusi. Die hat ein tänzelndes und wieherndes Pferd an der Hand und sieht auch sonst sehr matschig aus. Denn Wonderful Days Mon Amour hat spontan beschlossen, dass er ein Springpferd ist, und hat den Graben zwischen Feld und Waldrand überwunden. Leider dachte er außerdem, dass er ein Reh wäre, ist einmal quer durchs Gestrüpp gejagt und hat dabei die klammernde Dressursusi an einem besonders vorwitzigen Baum abgestreift.

Dressursusi ist zu erschrocken, um sauer zu sein, sogar zu erschrocken, um zu plärren oder auch nur ein Selfie zu machen.

#zublödfürsgelände #vorwarnentunnurdoofe #knieschluss #spontanjagdreiten

Hendrik und Rabea kommen den Waldweg entlang.

»Ist was passiert?«, fragt Hendrik besorgt, sodass Dressursusi prompt überlegt, den sterbenden Schwan zu mimen.

Ja, doch, ein bisschen theatralisch humpeln geht. Leider ist sie mit sich selbst sehr uneins und humpelt mal links, mal rechts. Wonderful Days Mon Amour ist mittlerweile wieder die Ruhe selbst. Der viele Weidegang lässt ihn ausgeglichener sein, und so ein zünftiger Galopp ist für den jungen Wallach auch mal was.

»Ich weiß nicht«, stammelt Dressursusi betont schwach. »Ich glaube nicht.« Sie will ja nicht wirklich schon wieder verletzt sein. Nur ein bisschen, damit Hendrik sich besonders gut um sie kümmert.

»Mit deinem Pferd alles in Ordnung?«, fragt Rabea.

Hat Dressursusi jetzt nicht nachgeschaut, aber ist auch egal, weil Hendrik absteigt und ihr die Zügel abnimmt. »Sicher, dass du gehen kannst?«

»Ja klar …« Noch ein bisschen theatralisch humpeln. »Das geht schon.«

»Du bist aber auch bescheuert«, zischt Rabea jetzt und unterbricht damit den romantischen Moment, als Hendrik Dressursusi die Zügel wiedergibt und sich ihre Finger berühren. »Wieso galoppierst du einfach ohne Vorwarnung los? Mann, das hätte echt ins Auge gehen können. Mein Puma kommt doch gar nicht mit euch mit. Und Hendriks Pferd hätte auch durchgehen können.«

Boah, kann die nicht aufhören zu plärren? Dressursusi könnte sie echt erwürgen. Immer stört die.

Plötzlich ist der Ausritt auch gar nicht mehr so romantisch.

Trotz Sturz ist Dressursusi ab da nicht mehr so ängstlich. Primär, weil Hendrik mit seinem Edward-Gedächtnisglitzer den Sturz scheinbar aus ihrem Hirn getilgt hat. Wenn man dafür mit ihm Händchen halten kann, würde Dressursusi ganz freiwillig jeden Tag vom Pferd fallen.

Allerdings stört die Chayenne sie bei den Tagträumen. Die ruft nämlich schon wieder an – zum x-ten Mal. Wieso eigentlich? Hatte Dressursusi die nicht verklagt? Oder wen noch mal gleich? Sie weiß das gar nicht mehr so genau.

Sucht die wieder jemanden, dessen Pferd sie reiten kann? Oder was will sie?

Schließlich hebt sie irgendwann doch mal ab, weil ihr spontan einfällt, dass sie keinen Turniertrottel fürs Wochenende hat.

»Hi, hier ist die Chayenne«, piepst es in den Hörer.

»Ja, weiß ich. Wieso rufst du dauernd hier an?« Dressursusi hat wohl noch nie von dem schönen Sprichwort gehört: Wer ficken will, muss freundlich sein. Das lässt sich eins zu eins auf einen TT übertragen, nur eben ohne ficken.

»Ich wollte mal hören, wie es dir so geht.« Offenbar ist Chayenne versöhnlich gestimmt. Obwohl sie eigentlich gar keinen Fehler gemacht hat.

»Gut. Sehr gut. Mein Stall ist toll, ich fahr am Wochenende mit Hendrik aufs Turnier, und …«

»Klingt ja gut«, sagt Chayenne schüchtern.

»Möchtest du mir am Wochenende helfen?«

»Ich weiß noch nicht, ob ich da kann …«

»Ja, nee, dann nicht, dann frag ich meine Freundin Rabea.« So. Ist zwar nicht ihre Freundin, aber das weiß die Chayenne ja nicht.

»Hm … Ja, also wenn ich früher mit der Arbeit aufhöre, dann kann ich kommen. Wenn deine Prüfung nicht ganz so früh ist.«

»Um elf startet die.«

»Ja, dann kann ich«, sagt Chayenne erleichtert.

»Okay. Cool. Dann bis Sonntag.«

Auch Chayenne verabschiedet sich, und ein bisschen froh ist Dressursusi nun schon. Irgendwie hat die Chayenne ihr doch gefehlt.

Prompt postet sie fröhlich auf ihrer *Facebook*-Seite, dass Sonntag endlich wieder ihr großer Tag ist. Auch natürlich auf *Instagram*.

#sonntagisthonktag #turniergörlz #turnieristtoll #sosehensiegerausschalalalala

Leider hat Dressursusi eines nicht bedacht: Sie hat mit ihren letzten Posts ein ganz anderes Publikum angezogen als das, das sie sonst angesprochen hat. Mehr so Schaninns mit Offenstall, die sämtliche Arbeit mit dem Pferd verteufeln. Schließlich hat sie sich doch als armer Angstreiter hingestellt, der seine fiese Furcht überwindet, damit er mit seinem Seelenpferd ins Gelände gehen kann. Tja ... Seelenpferdreiter reagieren furchtbar allergisch auf Turniere. Deswegen gibt es jetzt eine Runde Bullshit-Bingo mit Gratis-Shitstorm.

Ernsthaft, wenn ihr das nächste Mal mit einer Gruppe Turnierreiter zusammen seid, spielt doch mal Turnierreiter-Bullshit-Bingo. Ihr braucht dazu nur ein alkoholhaltiges Getränk eurer Wahl und einen hübschen Ausgangspost. Der muss aber schon in der richtigen Gruppe gepostet werden, nicht gerade in der Turniergruppe. Oder ihr stellt euch einfach mal als Turnierreiter in einem Forum vor. Alternativ kann man das auch direkt im Stall starten, sofern man genügend Turnierhasser dort hat. Dann wird es gleich lustiger, denn die Aussagen klingen da so schön nach.

Eine Alternative bietet das Turnierreiter-Bullshit-Bingo Deluxe für Turnierreiter unter sich! Hier geht es darum, die Kommentare seiner Mitstreiter trinktechnisch umzuwandeln. Das geht deutlich schneller, weil weniger aufwendig.

Hier die Regeln: Es wird getrunken, wenn einer der folgenden Sätze (auch in abgewandelter Form) fällt.

1) »Die XXX hat ja nur gewonnen, weil die die Richter schon kannte.«

2) »Die XXX hat ja nur gewonnen, weil die Richter Hafis/ Füchse/Schimmel/mich nicht mögen.«

3) »Der Richter hat unfair bewertet.«

4) »Ich war erste Reserve!« *Ding, ding, ding*: Hier 2 x trinken.

5) »Zuhause hat das immer geklappt.«

6) »Meine Reitlehrerin meinte auch, dass ich eigentlich platziert sein müsste.«

7) »Das Pferd ist schuld.«

8) »Da waren ja total gemeine Sprünge/Richterhäuschen/ Schirme usw. Das haben die absichtlich gemacht.«

9) »Also, letztes Mal hab ich mit der Wertnote noch gewonnen.«

10) »Die hatten da ja alle gar keine Ahnung.«

Und hier noch die Regeln für Turnierreiter-Bullshit-Bingo-Tierquäler-Menschen! Getrunken wird immer nach folgenden Aussagen:

1) »Turnierreiter reiten ja immer Rollkur!«

2) »Turnierpferde stehen immer nur in der Box!«

3) »Turnierpferde werden in eine starre Haltung gepresst und immer ausgebunden.«

4) »Turnierreiter wissen gar nicht, wie man richtig reitet, deswegen brauchen sie Hilfsmittel wie Sporen und Gerte.«

5) »Turnierreiter können ihre Pferde alle nicht halten, deswegen haben sie die Kandare/diverse Springgebisse drauf.«

6) »Das kann ich viel besser, ohne Tierquälerei.«

7) »Turnierreiter sehen ihr Pferd nur als Sportgerät!« *Ding, ding, ding*: Hier 2 x trinken.

8) »Das kann ich auch mit Halsring!«

9) »Ich bin viel lieber Freizeitreiter.«

10) »Das ist überhaupt nicht natürlich, kein Pferd macht das freiwillig!«

Ungefähr so sehen an diesem Tag auch Dressursusis *Instagram*-Nachrichten und *Facebook*-Kommentare aus. Deswegen klappt sie den Laptop schnell wieder zu. Mit dem Pöbel gibt sie sich gar nicht mehr ab. Diese ganzen Ökotanten ... nee. Damit ist jetzt Schluss. Sie ist jetzt wieder Turnierreiterin. Turnierreiterin mit einer Mission. Nämlich Hendrik aus Angelinas cowboyhütigen Westernflossen zu befreien.

Der große Tag ist da, und Dressursusi ist mit einem Mal ziemlich aufgeregt, denn Hendrik hat sich mit ihr früh im Stall verabredet. Chayenne wird sie auch zum ersten Mal seit Monaten wiedersehen, und auch sonst ist das alles eigentlich gar nicht so ohne ... Sie möchte endlich mal wieder mit einer Schleife aus dem Viereck statt mit einem totalen Desaster.

Eingeflochten hat sie natürlich gestern Abend schon, aber den Rest muss die Chayenne machen, die ist schließlich heute endlich wieder ihr Leibsklave. Dementsprechend hat Dressursusi alles nur schnell in ihren Spind geknallt, und ihre Freundin darf das, quasi als Wiedersehensgeschenk, neu sortieren.

Da gibt es plötzlich auch noch zuhause Stress, weil ihre Mutter nicht mehr will, dass Dressursusi mit dem BMW fährt. Die guckt nämlich in letzter Zeit gar nicht mehr ständig ihre Telenovela, sondern mehr darauf, was Dressursusi ausgibt oder was sie tut.

»Du hast gestern nicht gefragt!«, lautet ihr Credo. »Und ich brauche den Wagen heute auch. Ich muss nachher arbeiten.«

»Du arbeitest wieder?« Dressursusi hat mal wieder nichts mitbekommen.

»Schon seit vier Wochen wieder.«

»Als was denn?«

»Immer noch als Krankenschwester«, entgegnet Muttern säuerlich, weil ihr nun auch endlich mal klar wird, dass das Töchterchen weder etwas mitbekommt, das sich außerhalb ihrer Pferdewelt abspielt, noch irgendein Verständnis für die Lage der Familie hat. Sieht man daran, dass sie schon wieder trampelnd im Flur steht und den BMW haben will.

»Ja, aber kannst du da nicht mit dem Fahrrad hinfahren?«, versucht es Dressursusi.

»Fahr gefälligst selbst mit dem Fahrrad, Fräulein«, schimpft die Mutter. »Hast du den BMW bezahlt oder dein Vater?«

Kleinlaut schleicht sich Dressursusi von dannen, ruft Chayenne an und lässt sich von der abholen.

Was dazu führt, dass sie ziemlich spät im Stall ist und Hendrik schon wie auf heißen Kohlen sitzt.

Seine Begrüßung fällt dementsprechend knapp und verärgert aus: »Wir waren um halb acht verabredet! Das ist echt scheiße, Dressursusi. Jetzt müssen wir uns total abhetzen.«

»Entschuldigung«, jammert Dressursusi. »Meiner Mutter ging es schlecht.« So eine kleine Notlüge macht nämlich gar nichts – außer dem Hendrik ein schlechtes Gewissen.

»Oh«, macht Hendrik prompt und schiebt ein genuscheltes »Sorry« hinterher. Ha, damit hat er nicht gerechnet.

Dressursusi fetzt schnell zu Wonderful Days Mon Amours Box, während sie Chayenne Anweisungen gibt, was alles einzupacken ist. Doch oh je: Das Pferd hat sich mal wieder ein paar Zöpfe aufgemacht.

Turnierpferde haben wie schon ausgeführt wohl irgendwann einmal in ihrem Kollektiv beschlossen, dass sie Tage haben, wo sie Frauchen und Herrchen so richtig auf die Probe stellen. Turnierpferde sind organisiert wie die Borg aus *Star Trek* und müssen folgenden Kodex auswendig aufsagen können, noch bevor Frauchen die erste Nennung tätigt. Und machen wir uns nichts vor, die wissen, wie sie uns kriegen.

1) Du sollst dich vor dem Turnier einsauen
Wenn es keine Pfütze gibt und die Weide nicht matschig ist, bleiben immer noch Äppel. Falls eine Decke im Spiel ist, wird diese ausgezogen. Mistflecken stinken nicht nur, sie sehen auch noch hässlich aus. Und falls all das nicht funktioniert, hat man immer noch die Möglichkeit, die Zöpfe

aufzuschubbern und sich entsprechend noch ein paar Haare abzubrechen, damit Frauchen völlig verzweifelt und im Heulbojen-Modus durch den Stall rennt.

2) Du sollst nicht auf den Hänger gehen

Jedenfalls nicht in einem Zeitraum von unter drei Stunden. Auch wenn der Hänger nichts tut, wird das Pferd spontan so tun, als wäre es der Hänger zum Metzger. Aber ganz gechillt, keine Energie verschwenden. Die brauchen wir noch. Für weitere Aufgaben.

3) Du sollst schreien und toben im fremden Stall

Die wissen schließlich noch nicht, wer hier der Babbo ist. Schlimmer aufführen als sieben Halbstarke im Asi-BMW ist durchaus legitim. Wiehern ist auch sehr beliebt. Schweif hoch und den inneren Araber endlich mal rauslassen. Und der innere Araber tanzt!

4) Du sollst nicht auf den Platz gehen

Und falls doch, sollst du nicht am Richtertisch vorbeigehen! Das bringt Unglück und macht auch noch Falten. Pferde wissen, was es da zu fürchten gibt: Richter. Und vor den Richtern haben Reiter ja genauso Angst. Warum die Flucht nicht mal gleich für sie mit übernehmen? Merken die doch sonst gar nicht mehr. Generell … Wenn man nicht auf den Platz geht, muss man auch nicht zum Richtertisch. Bestechende Logik.

5) Du sollst nicht beim Gruß stehen bleiben

Denn was die Holländer nicht machen, muss ja wohl der Rest der Welt auch nicht mehr. Pferde sind da erstaunlich gut informiert und ihrer Zeit auch weit voraus. Nur Lullis bleiben beim Gruß stehen. Viel lustiger sind doch rückwärts drehende Grüße. Das bleibt jedem im Gedächtnis.

6) Du sollst alle Hilfen vergessen

… und bloß empört reagieren, wenn sie kommen. Hilfe, Hilfe, die Frau hat mich ungebührlich mit ihrem Unterschenkel angefasst! Was will die von mir? Ich verstehe gar nichts. Ich nix sprechen dein Sprach!

7) Du sollst nicht bremsen

Wer bremst, verliert. Das gilt für Dressur, Springen und sämtliche Westernsportarten. Bremsen ist nur was für langweilige, scheintote Ponys und dreihundert Jahre alte Großpferde. Ein echtes Turnierpferd bremst nicht, nur weil da eine Bande, eine Mauer oder der Parcourschef rumsteht.

8) Du sollst auf den Platz äppeln und dabei stehen bleiben

Denn Zuschauer lieben nichts mehr als Pferde, die doof rumstehen und in die Ecke kacken. Die lachen dann auch so lustig. Und weil Turnierpferde ja wahre Entertainer sind, muss das einfach mit rein. Sozusagen als Kackehäubchen zur Prüfung.

9) Du sollst beim Trockenreiten ganz lieb sein

… denn nichts ärgert Reiter mehr als ein Pferd, das dann besonders lieb ist, wenn alles vorbei ist. Ruhig auch Sachen anbieten, die den Reiter sonst glücklich machen, schön vorwärts, abwärts, nett gucken, ein bisschen schmusen. Kurzum: Reiter-Wellness.

Jammernd steht Dressursusi vor ihrem Pferd, während die Chayenne das Kunststück fertigbringt, Dressursusis sämtliche Sachen einzupacken, inklusive drei Schibbi-Schabbis, falls sie sich nicht entscheiden kann. Außerdem schleppt sie drei Sättel, zwei Gerten, einen Stiefel und sieben Trensen mit sich. Zusätzlich hat sie natürlich alle Haargummis dabei und schafft es problemlos, auch noch ein Selfie für *Facebook* zu machen.

»Bist du bald fertig?«, ruft Hendrik.

Dressursusi wirft noch schnell eine feschere Decke übers Pferd (die letzte ist ja schon seit fünf Minuten out), und dann eilt sie mit Pferd und Chayenne im Schlepptau los und verlädt im Sauseschritt das Pferd, während Chayenne ihren Müll verstaut. Pardon … Krempel. Krempel ist das Wort.

Als sie endlich im Jeep von Hendriks Vater sitzen, stellt sich Hendrik erstmal artig der Chayenne vor. Das hat Dressursusi versäumt.

»Und was hast du genannt?«, fragt Hendrik, als er losfährt.

»Die A-Dressur. Einzel-A. Nächstes Mal gehen wir eine L.«

»Ah«, macht er. »Ich gehe das L-Springen. Sofern Callysto nicht beschließt, heute mal wieder ein Eisen am Abreiteplatz zu verlieren. Letztes Mal hab ich ewig nach dem Schmied gesucht.«

»Hihi«, kichert Dressursusi gekünstelt. An so was will sie bitte nicht erinnert werden. Die letzten Turnierteilnahmen mit Wonderful Days Mon Amour waren schließlich eher ernüchternd.

So geht die Fahrt ruhig dahin. Chayenne sitzt auf der Rückbank und plaudert mit ihnen beiden, und Dressursusi hat heute das Gefühl, dass endlich mal alles gut werden könnte.

Beim Ausladen ist auch noch alles gut. Chayenne kümmert sich rührend um Wonderful Days Mon Amour und sagt sogar: »Der hat mir richtig gefehlt.«

Hendrik geht zur Nennstelle; Dressursusi wieselt hinterher. Eine Gelegenheit, mit ihm alleine zu sein, das lässt sie sich doch nicht entgehen!

»Wo ist denn Angelina?«, fragt sie kess. Hat der nicht irgendwie so was erzählt, dass die heute auch Turnier hat? Vielleicht kommt die gar nicht.

»Na, bei ihrem Turnier. Die startet heute in der Reining. Zum Glück hat Ramona sie mitgenommen.«

Aha … Da klingelt nichts bei Dressursusi. Reining … Was soll das sein? Ist das das mit den Kühen?

Hendrik gleicht kurz mit der Meldestelle die Daten ab und lässt dann Dressursusi ans Fenster. Die bekommt aus den Augenwinkeln aber mit, wie er direkt mit Angelina über *WhatsApp* schreibt und ihr viel Glück wünscht. Mist … Hätte sie die mal nicht erwähnt. Vielleicht hätte er sie dann vergessen.

Der Morgen schreitet voran; während Wonderful Days Mon Amour am Anhänger noch einmal neu eingeflochten wird, ist Hendriks Callysto noch am Grasen. Hendrik zieht mit ihm um die Anhänger, und Dressursusi kann ihm nicht hinterherschleichen, ohne total auffällig zu sein. Also macht sie das, was sie am besten kann: andere für sich arbeiten lassen. Sie guckt Chayenne zu und delegiert. Hoffentlich macht die auch alles richtig.

Leider ist die auf quasseln eingestellt und arbeitet nicht gut genug.

»Der Hendrik sieht ja echt gut aus, ne?«

»Hm …«, macht Dressursusi verliebt.

»Aber habe ich das richtig verstanden? Der hat 'ne Freundin?«

»Ja, leider. Aber bestimmt nicht mehr lange. Die passen auch gar nicht zusammen.«

»Ah«, sagt Chayenne triumphierend. »Dann wird ja bald deine große Stunde schlagen.«

Dressursusi grinst. »Auf jeden Fall.« Doch, ja, die Chayenne hat ihr gefehlt. Das sagt sie ihr aber vorsichtshalber mal nicht. Nicht, dass die sich nachher wichtig fühlt.

Sie möchte sich anders großzügig zeigen: »Warte, ich hol dir eben eine Cola.«

»Das ist aber nett«, erwidert Chayenne verblüfft. So was kennt sie von Dressursusi gar nicht.

Dressursusi macht sich auf den Weg zum Bierwagen und bleibt dann plötzlich abrupt hinter einem Hänger stehen, als eine vertraute Stimme ihren Namen erwähnt.

»Ach, komm. Ich bin doch nur mit Dressursusi hierhin gefahren, weil die sonst kein Schwein mitnimmt. Ich will da auch kein Arschloch sein.« Das ist Hendriks Stimme. Aber was sagt der denn da? Und mit wem spricht er?

Dressursusi verkriecht sich im Schatten des Hängers und versucht herauszufinden, mit wem er redet.

Die zweite Stimme kennt sie auch ganz genau: Das ist Rabea!

»Sie ist total verschossen in dich. Hast du das nicht mitbekommen?«

»Doch.«

»Ja, und jetzt?«

»Nichts und jetzt. Ich steh nicht auf sie. Ich kann auch gar nicht mit einer zusammen sein, die ihr Pferd nur als Sportgerät ansieht und riegelt, bis der Gaul die Rübe auf der Brust hat. Sorry, für mich ist das Tierquälerei.«

»Und trotzdem nimmst du sie mit? Hendrik, wenn du Angelina verarschst …«

»Ich verarsche sie ganz bestimmt nicht. Sie weiß das alles. Sie weiß, dass ich Dressursusi furchtbar finde, seit ich weiß, wie sie mit ihrem Pferd umgeht. Ich habe sie nur mitgenommen, damit sie das lässt. Seit sie bei uns im Stall steht, macht sie nicht mehr so viel Scheiße. Das kann man auch mal unterstützen. Der Wonderful Days ist ja ein nettes Pferd, der kann doch nichts für seine doofe Besitzerin.«

»Du hättest sie echt nicht mitnehmen sollen. Angelina ist bestimmt stinksauer.«

»Nö. Wir sind doch hier nicht im Kindergarten! Rabea, du bist nicht meine Mutter. Glaub mir, die interessiert mich null, und du kannst gerne Angelina fragen. Sie ist über alles informiert.«

»Das glaub ich irgendwie nicht«, ereifert sich Rabea. »Was war im Gelände?«

»Ich dachte, da gehen mehr Leute mit. Ich kann doch nicht vor allen Leuten sagen: Nee, mit dir geh ich aber nicht. Ich finde dich zum Kotzen, und wenn ich könnte, würde ich dir das arme Pferd abkaufen.«

»Hm«, macht Rabea. »Aber du solltest ihr klarmachen, dass sie nichts von dir zu erwarten hat.«

»Hat sie doch auch nicht. Ich muss da auch nichts klarstellen, ich bin zu ihr höflich. Aber mehr auch nicht. Wenn sie sich da was einbildet, dann kann ich da nichts für.«

»Wieso bist du denn dann so nett zu ihr, wenn du sie angeblich nicht leiden kannst?«, will Rabea wissen.

»Ich bin höflich. Das ist ein Unterschied. Du bist doch auch höflich zu ihr, oder? Und kannst du sie leiden? Nee? Aha. Sorry, aber so versnobte Trullas leben halt in ihrer eigenen Welt.«

Dressursusi hat genug gehört. Wie in Trance dreht sie wieder um. Bloß kein Wort mehr von diesen Scheißleuten hören. Dieser Arsch! Hendrik hat sie also nie gemocht? Weil sie schlecht reitet? Pah! Der selbst reitet doch auch nicht sonderlich toll! Was für ein oberflächlicher Mistkerl. Falsche Hoffnungen hat er ihr gemacht. Bestimmt wollte er doch Angelina betrügen. Mal so für nebenbei, genau wie Rabea das gesagt hat. Er hat ihr ja wohl mehr als eindeutige Avancen gemacht. Jedenfalls in ihrem Kopf. Okay, zeitlich war das vor der Kontinentalverschiebung, aber in Dressursusis Hirn quasi erst gestern. Und noch vor ihrem Streit, als sie zu den Müllers gewechselt ist.

Tränen schießen ihr in die Augen, und sie hat alle Mühe, zu verhindern, dass ihre Schminke verläuft.

Als wäre sie eine Traumwandlerin, kommt sie zurück zu Chayenne.

»Wo ist denn die Cola?«, fragt die.

»Gab keine mehr«, antwortet Dressursusi tonlos. »Es ist Zeit zum Satteln.«

»Ja, mach ich sofort.«

»Nein, lass«, sagt Dressursusi dumpf. »Ich mach das.«

Wonderful Days Mon Amour ist ein bisschen irritiert, weil sein Frauchen so neben sich steht, aber immerhin meckert und motzt sie dann nicht und zerrt auch nicht an ihm herum, also entspannt er sich mal.

Hendrik kommt zurück, Rabea im Schlepptau.

»Guck mal, wer zum Zuschauen gekommen ist«, wirft er in die Runde, und Chayenne kommt artig heran, drückt Rabea die Hand und stellt sich vor.

»Hi, Dressursusi«, ruft Rabea.

Dressursusi sagt gar nichts. Sie zieht Wonderful Days Mon Amour die Trense über und starrt dabei die Hängerwand an. Scheint aber keinen zu stören, die plaudern beide munter mit der Chayenne.

Zornig zieht Dressursusi Jackett und Helm an, klemmt sich die Gerte unter den Arm und schwingt sich wütend auf ihr Pferd. Es beachtet sie sowieso keiner, weil die drei in einen so netten Plausch vertieft sind, dass gar keiner mitbekommt, wie sie fortreitet.

Vorbei ist es heute mit den Selfies, den guten Absichten, dem Wunsch nach einer Schleife und dem Wunsch nach Hendrik. Gerade möchte sie sich vor der ganzen Welt verstecken. Oder die ganze Welt umbringen. Da sie noch im Teenageralter ist, kann sie sich noch nicht so wirklich für eine Variante entscheiden.

Sie reitet auf dem Abreiteplatz ein, ohne rechts und links zu gucken, holzt beinahe ein Kind mit einem schimmeligen Araber um, woraufhin das Kleinpferd blöde bockt, doch Dressursusi geht Schritt. Die anderen Leute haben jetzt gefälligst die Fresse zu halten. Sie muss warmmachen.

Auch auf dem Abreiteplatz kann man einen Querschnitt durch die Reitergesellschaft ziehen und liegt da nur sehr selten daneben, denn sie präsentiert sich dort so stereotyp wie nie. Es ist tatsächlich eine Erleuchtung, sich einfach nur danebenzustellen und ein wenig zuzuschauen. Danach kennt man alles und jeden.

Wir beginnen unseren kleinen Rundgang bei denen, die an der Bande stehen. Da sind nämlich die Bandenprofis. Nicht nur die, aber die sind auch da. Meist sind sie in diesem Stall beheimatet, wo das Turnier stattfindet, und permanent damit beschäftigt, Outfits und Reiterei zu bewerten. Daneben stehen die Wallakleidchen-Mädels, die nur deswegen da sind, um alle Leute auf dem Abreiteplatz einer E-Dressur der Rollkur zu bezichtigen und verstohlen Fotos zu machen, um sie nachher in einer *Facebook*-Gruppe zur Diskussion zu stellen.

Gleich daneben stehen die Muttis mit ihrem: »Schakkeline, wink doch mal!« Das sind die Muttis, die selbst nicht reiten können, aber stolz wie Bolle sind, weil ihr Kind gerade reitet und hübsch hergerichtet ist.

Hinter denen stehen die Reitermuttis, die sich im permanent aggressiven Dialog mit Kind oder Teenie (oder auch mit der erwachsenen Tochter) befinden.

»Mamaaa, der Pucki bockt immer, wenn ich so mache.«

»*Ja, dann mach halt nicht so!*« Meist haben diese Muttis ein Bier in der Hand und fragen sich gerade, ob ein Kind die absolut beste Idee war, die sie bisher so hatten. Sie haben aber trotzdem alles dabei, was der Schützling so brauchen könnte.

Daneben stehen die TTs, die spontan auch mal zum Reitlehrer umschulen, oder zum Tierarzt. Oder zum Hufschmied. (»Nee, das Eisen ist nicht ab, das ist nur locker, das geht noch!«) Oder auch zum Seelentröster, Streichler oder Wachrüttler. (»*Mach doch mal was!*«)

Gehen wir weiter, drängen wir uns an den Umstehenden vorbei und gucken uns an, was da so auf dem Platz reitet.

Die obligatorischen Mutti-hat-mir-ein-Pferd-gekauft-Mädels zum Beispiel. Die erkennt man daran, dass man denen nie sagen muss, nicht nach unten zu schauen, denn sie schauen immer einen Tick zu hoch. Wohl, um besser auf andere herabschauen zu können.

Dann ist da noch die Späteinsteigerin, die auf einem Pferd herumeiert, das bei einem Ratespiel namens »Was passt hier nicht?« garantiert als erstes genannt werden würde. Gerne Tinker oder andersbunte Pferde. Es ist dabei egal, wie sie reiten; sie werden sowieso von den Bandenprofis zerrissen.

Fehlt natürlich noch die Spaß-Frau. Die macht nur mit, weil

man einmal ein Turnier geritten haben sollte, und eigentlich ist ihr auch gerade zu warm. Geübt hat sie die Aufgabe immerhin schon mal. Und wenn's schiefgeht? Dann isses ihr auch scheißegal. Aber innerlich wäre sie schon gerne Erste.

Doch Halt! Da fehlen doch noch welche. Die Ponyfrau zum Beispiel. Die nennt Turniere gerne, schon allein, um den Großpferdreitern zu zeigen, dass Ponys auch Schleifen bekommen können. Sie ist ein bisschen auf Krawall gebürstet und wittert schnell hinter allem eine Verschwörung der Großpferdereiter. Gegen sie natürlich.

Und dann ist da noch die peinlich Berührte, die mit dem Arschlochpferd, das alles auf dem Platz umholzt, schon 20 Muttis gebissen hat und dabei auch noch richtig dämlich aussieht. Vor lauter Buckeln haben sich die Zöpfe schon gelöst, und Bock hat die Reiterin schon lange nicht mehr. Aber man weiß ja auch, dass man da durch muss … Ergo: Arschbacken zusammenkneifen und ein Grinsen zu Grabe tragen, das alle Umstehenden erschreckt. Ist sie schon bereit für die Klapse?

Dressursusi beginnt gerade mit Lockerungsübungen, da ruft man schon ihre Nummer auf. Oh, Scheiße! Jetzt ist sie doch wieder im Hier und Jetzt angekommen. Sie ist doch noch gar nicht warm genug. Oder vielmehr ihr Pferd ist es nicht – ihr Kopf hingegen glüht!

»Du da«, ruft die Dame an der Tür. »Du bist jetzt dran. Komm! Die warten schon!«

Dressursusi kann nur gute Miene zum bösen Spiel machen und folgt der Dame in Richtung Halle, wo das Tor für sie geöffnet wird. Aber sie kann sich gar nicht richtig konzentrieren, weil sie immer noch an Hendriks fiese Worte denken muss. Sie geht also schlecht mit ihrem Pferd um?

Einreiten – Gruß.

Was denkt der sich dabei, so was zu behaupten? Ist der etwa auch unter die Ökoreiter gegangen, so wie die Rabea? Oder denkt er vielleicht, Westernreiten ist pferdefreundlicher?

Im Arbeitstempo antraben, linke Hand.

Ja, was wäre denn, wenn sie künftig auf Western umsattelte? Könnte sie dann Hendriks eiskaltes Herz für sich gewinnen? Er hat ja schließlich gesagt, dass er sie vorher mochte. Wenn sie ihm nun zeigt, dass sie eine total tolle Reiterin ist, die immer super pferdefreundlich handelt? Ja, dann könnte sie doch vielleicht …

Im Arbeitstempo links angaloppieren.

Und die blöde Angelina … Also, was reitet die noch gleich? Vielleicht muss Dressursusi genauso werden wie die. Nur natürlich toller. Damit der Hendrik sieht, was er da verloren hat. Und dann kann sie ihn ja vielleicht huldvoll doch noch nehmen – oder zurückweisen. Je nachdem, wie fies er sich noch benimmt.

Kehrtvolte.

Und überhaupt … Meint der vielleicht, sie fährt heute Abend noch mit ihm zurück? Nee! Sie wird den Weg reiten. Und wenn das bis morgen früh dauert, ist das auch egal. Dieses blöde Arschgesicht. Und dann diese Rabea. Höflich … Nie war Rabea höflich. Immer nur schleimig hinten rum.

Arbeitstrab.

Ach, wäre sie doch nur nie in diesen Stall gekommen. Dann wäre das alles nicht passiert. Oder hätte doch Hendrik zumindest nichts von Herrn Müller gehört. Dann hätten sie sich getroffen, bevor er mit Angelina ausging, und alles wäre toll geworden.

Einfache Schlangenlinie.

Und auch sonst … Was sollte der Scheiß heute Morgen von ihrer Mutter? Woher soll *sie* denn wissen, dass die Alte wieder arbeitet? Meint die denn, Dressursusi bekäme alles mit, was sich in ihrem Haus so abspielt? Sie ist doch kein Hellseher. Ach, wäre sie nur nicht aufs Turnier gefahren. Dann hätte Hendrik bestimmt nicht so gemeine Sachen gesagt.

Auf die Mittellinie abwenden.

Überhaupt … Hat der das nicht vor allem gesagt, weil er Rabea abwimmeln wollte? Die konnte sie ja noch nie leiden. Was, wenn er gelogen hat, damit sie ihn in Ruhe lässt und nicht bei Angelina petzt? Vielleicht möchte er ja schonend mit seiner Noch-Freundin umgehen und erst anständig Schluss machen. Denn er ist ja wirklich immer sehr nett zu allen. Bei dem Gedanken bekommt Dressursusi gleich feuchte Augen. Ja, das ist vielleicht des Rätsels Lösung.

Im Mittelpunkt halten. Grüßen.

Aber wenn nicht? Dann muss sie besser werden als Angelina. Viel besser! Sie hat sich doch einen Westernsattel bestellt. Ab morgen kommt der aufs Pferd. Und was reitet die noch mal? Reining? Hieß das so? Wo soll sie denn jetzt ein paar Kühe herbekommen?

Applaus … Was? Dressursusi schaut verwundert zum Richtertisch auf. Sie ist ja schon fertig. Oh, nein … Was ist hier nur passiert? Wie ist sie geritten?

Nun, offensichtlich mal nicht wie der erste Mensch. Doch in all ihrem Brass auf die Hendriks dieser Welt ist ihr gar nicht aufgefallen, dass Herr Willhelmi ihr mit seinen Tipps und Kniffen die Riegelei abgewöhnt und im Handumdrehen ein harmonisches Paar dahingezaubert hat. Das wird sie auch nie erfahren, denn schlussendlich packt sie ihre Sachen in Hendriks Auto (der kann den Scheiß ruhig mal schön heimfahren) und reitet einfach von dannen, in den Sonnenuntergang, das Handy am Ohr – sie bucht jetzt einen Western-lehrgang. Und bekommt gar nicht mit, dass sie gerade ihre A-Dressur gewonnen hat. Mit einer super Wertnote.

Ende

207

Wonderful Days Mon Amour befindet sich immer noch in Dressursusis Besitz; allerdings hat diese sich umgetauft und hört fortan auf Westernsusi. Außerdem hat sie gelernt, dass sie keine Kühe fürs Reining braucht. Leider hat sie nicht gelernt, dass Hendrik trotzdem nicht auf sie steht, auch wenn sie jetzt einen albernen Hut und Blingbling trägt.

Dafür hat Westernsusi jetzt schon zwei Schleifen und einen Blumenpott gewonnen. Und einen kitschigen Teddybär an der Losbude in Bad Sackhaar.

Der berüchtigte araberige Schimmel aka White Pearl Of Silver Moon geht mit seiner Reiterin weiterhin kleine Turniere, wo er regelmäßig die Abreiteplätze dieser Welt aufmischt, vor Richtertische kackt und mit sich selbst im Parcours um die Wette läuft.

Die Chayenne macht jetzt das Marketing für Westernsusi. Außerdem durfte sie auch schon den Sattel polieren und spielt Chauffeur. Allerdings spart sie nun auf ein Zweitpferd, wenn der Wally mal in Rente geht, was sie Westernsusi aber noch nicht gesagt hat, denn das wird die bestimmt gar nicht gerne hören.

Angelina hat ihre Turnierkarriere aufgegeben, weil sie ungewollt schwanger wurde. Allerdings nicht von Hendrik, sondern von Herrn Willhelmi.

Hendrik weiß, dass man auch auf alten Pferden reiten kann, deswegen datet er jetzt die Teilblondierte.

Rabea hat mit Puma mittlerweile den Stall verlassen, weil der sich zusehends in ein Irrenhaus verwandelt hat. Mit ihr gegangen ist die Hälfte der Einsteller, die keine Lust mehr hatten, für das Kasperletheater auch noch zu bezahlen.

Zora trägt immer noch Idioten durch das Reitabzeichen. Sofern sie denn Bock darauf hat. Ansonsten genießt sie auf ihre alten Tage die Einsamkeit ihrer Einzelweide, die niemand ungestraft betreten darf. An ihrem Zaun hängt ein Schild mit der Aufschrift: Vorsicht, bissiges Pferd.

Haifa flitzt weiterhin beim Hallenhalma durch die Gegend und springt sämtliche passenden und unpassenden Sprünge, ganz egal, wie sehr der Reiter sich dagegen wehrt.

Denise ist derzeit heiser und kann keine Reitschüler mehr anschreien. Sie wirft daher jetzt mit Steinen, wenn ihr etwas missfällt. Außerdem verkauft sie keine Pferde mehr an solche Idioten wie Dressursusi … pardon, Westernsusi.

Dressursusis Eltern haben ihre Tochter genötigt, sich Arbeit zu suchen, allerdings mit eher mäßigem Erfolg, denn die studiert jetzt. Geschätzte Dauer: unbegrenzt. Jedoch hat ihr Vater nun einen neuen Job, und ihre Mutter kann sich wieder voll und ganz ihrer Telenovela widmen. Die ist nämlich bald vorbei. Leider haben beide vergessen, Westernsusi das auch mitzuteilen.

Damit das verwöhnte Blag nicht wieder ihre Kreditkarte leershoppt.

WIDMUNG

Für Hannah, die weltbeste Fotografin

Ebenfalls als humoristisches Sachbuch im
Verlag in Farbe und Bunt erhältlich:

Tausende von Likes hat die Social Media-Seite vom Arschlochpferd, die augenzwinkernd die Online- und Offline-Gemeinschaft der Reiterinnen und Reiter beleuchtet – dieses Buch präsentiert das Phänomen in gedruckter Form mit komplett neuen, witzigen und auch herrlich bissigen Beiträgen. Begeben Sie sich mit diesem Buch auf eine Reise durch die Untiefen des reiterlichen Internets. Von einer Frau, die auszog, um auf ihrem Arschlochpferd vollendete Dressurreiterin, vollblütige Westernreiterin und Pferdeflüstererin in einem zu werden – und am Ende auf die Nase fiel. Nicht nur dank *Facebook.*

ISBN 978-3-95936-033-3 | TB   ISBN 978-3-95936-035-7 | Audio-Download
ISBN 978-3-95936-034-0 | E-Book   ISBN 978-3-95936-036-4 | Audio-CD

Weitere Informationen
zu den Veröffentlichungen des Verlags in Farbe und Bunt erhalten Sie in
allen gängigen Online-Shops, in Buchhandlungen, auf der Verlags-Homepage http://www.ifub-verlag.de
oder direkt beim Verlag in Farbe und Bunt, Kruppstraße 82 – 100, 45145 Essen.